प्रतिध्वनि (कहानी संग्रह)
और
ध्रुवस्वामिनी

प्रतिध्वनि (कहानी संग्रह)
और
ध्रुवस्वामिनी

जयशंकर प्रसाद

ISBN: 978-93-90112-79-1

Published: -

© 2020
LECTOR HOUSE LLP

LECTOR HOUSE LLP
E-MAIL: lectorpublishing@gmail.com

प्रतिध्वनि (कहानी संग्रह)
और
ध्रुवस्वामिनी

जयशंकर प्रसाद

अनुक्रम

पृष्ठ

प्रतिध्वनि
(कहानी संग्रह)

* प्रसाद 1
* गूदड़ साईं 3
* गुदड़ी में लाल 5
* अघोरी का मोह 7
* पाप की पराजय 10
* सहयोग 14
* पत्थर की पुकार 16
* उस पार का योगी 18
* करुणा की विजय 20
* खंडहर की लिपि 22
* कलावती की शिक्षा 24
* चक्रवर्ती का स्तम्भ 26
* दुखिया 28
* प्रतिमा 31
* प्रलय 34

ध्रुवस्वामिनी

* सूचना 38
* प्रथम अंक 42

- द्वितीय अंक 55
- तृतीय अंक 64

प्रतिध्वनि
(कहानी संग्रह)

प्रसाद

मधुप अभी किसलय-शय्या पर, मकरन्द-मदिरा पान किये सो रहे थे। सुन्दरी के मुख-मण्डल पर प्रस्वेद बिन्द के समान फूलों के ओस अभी सूखने न पाये थे। अरुण की स्वर्ण-किरणों ने उन्हें गरमी न पहुँचायी थी। फूल कुछ खिल चुके थे! परन्तु थे अर्ध-विकसित। ऐसे सौरभपूर्ण सुमन सवेरे ही जाकर उपवन से चुन लिये थे। पर्ण-पुट का उन्हें पवित्र वेष्टन देकर अञ्चल में छिपाये हुए सरला देव-मन्दिर में पहुँची। घण्टा अपने दम्भ का घोर नाद कर रहा था। चन्दन और केसर की चहल-पहल हो रही थी। अगुरु-धूप-गन्ध से तोरण और प्राचीर परिपूर्ण था। स्थान-स्थान पर स्वर्ण-श्रृंगार और रजत के नैवेद्य-पात्र, बड़ी-बड़ी आरतियाँ, फूल-चंगेर सजाये हुए धरे थे। देव-प्रतिमा रत्न-आभूषणों से लदी हुई थी।

सरला ने भीड़ में घुस कर उसका दर्शन किया और देखा कि वहाँ मल्लिका की माला, पारिजात के हार, मालती की मालिका, और भी अनेक प्रकार के सौरभित सुमन देव-प्रतिमा के पदतल में विकीर्ण हैं। शतदल लोट रहे हैं और कला की अभिव्यक्तिपूर्ण देव-प्रतिमा के ओष्ठाधार में रत्न की ज्योति के साथ बिजली-सी मुसक्यान-रेखा खेल रही थी, जैसे उन फूलों का उपहास कर रही हो। सरला को यही विदित हुआ कि फूलों की यहाँ गिनती नहीं, पूछ नहीं। सरला अपने पाणि-पल्लव में पर्णपुट लिये कोने में खड़ी हो गयी।

भक्तवृन्द अपने नैवेद्य, उपहार देवता को अर्पण करते थे, रत्न-खण्ड, स्वर्ण-मुद्राएँ देवता के चरणों में गिरती थीं। पुजारी भक्तों को फल-फूलों का प्रसाद देते थे। वे प्रसन्न होकर जाते थे। सरला से न रहा गया। उसने अपने अर्ध-विकसित फूलों का पर्ण-पुट खोला भी नहीं। बड़ी लज्जा से, जिसमें कोई देखे नहीं, ज्यों-का-त्यों, फेंक दिया; परन्तु वह गिरा ठीक देवता के चरणों पर। पुजारी ने सब की आँख बचा कर रख लिया। सरला फिर कोने में जाकर खड़ी हो गयी। देर तक दर्शकों का आना, दर्शन करना, घण्टे का बजाना, फूलों का रौंद, चन्दन-केसर की कीच और रत्न-स्वर्ण की क्रीड़ा होती रही। सरला चुपचाप खड़ी देखती रही।

शयन आरती का समय हुआ। दर्शक बाहर हो गये। रत्न-जटित स्वर्ण आरती लेकर पुजारी ने आरती आरम्भ करने के पहले देव-प्रतिमा के पास के फूल हटाये। रत्न-आभूषण उतारे, उपहार के स्वर्ण-रत्न बटोरे। मूर्ति नग्न और विरल-श्रृंगार थी। अकस्मात् पुजारी का ध्यान उस पर्ण-पुट की ओर गया। उसने खोल कर उन थोड़े-से अर्ध-विकसित कुसुमों को, जो अवहेलना से सूखा ही चाहते थे, भगवान् के नग्न शरीर पर यथावकाश सजा दिया। कई जन्म का अतृप्त शिल्पी ही जैसे पुजारी होकर आया है। मूर्ति की पूर्णता का उद्योग कर रहा है। शिल्पी की शेष कला की पूर्ति हो गयी। पुजारी विशेष भावापन्न होकर आरती करने लगा। सरला को देखकर भी किसी ने न देखा, न पूछा कि 'तुम इस समय मन्दिर में क्यों हो?'

आरती हो रही थी, बाहर का घण्टा बज रहा था। सरला मन में सोच रही थी, मैं दो-चार फूल-पते ही लेकर आयी। परन्तु चढ़ाने का, अर्पण करने का हृदय में गौरव था। दान की सो भी किसे! भगवान को! मन में उत्साह था। परन्तु हाय! 'प्रसाद' की आशा ने, शुभ कामना के बदले की लिप्सा ने मुझे छोटा बनाकर अभी तक रोक रक्खा। सब दर्शक चले गये, मैं खड़ी हूँ, किस लिए। अपने उन्हीं अर्पण

किये हुए दो-चार फूल लौटा लेने के लिए, "तो चलूँ।"

अकस्मात् आरती बन्द हुई। सरला ने जाने के लिए आशा का उत्सर्ग करके एक बार देव-प्रतिमा की ओर देखा। देखा कि उसके फूल भगवान के अंग पर सुशोभित हैं। वह ठिठक गयी। पुजारी ने सहसा घूम कर देखा और कहा,-"अरे तुम! अभी यहीं हो, तुम्हें प्रसाद नहीं मिला, लो।" जान में या अनजान में, पुजारी ने भगवान् की एकावली सरला के नत गले में डाल दी! प्रतिमा प्रसन्न होकर हँस पड़ी।

गूदड़ साईं

"साईं! ओ साईं!!" एक लड़के ने पुकारा। साईं घूम पड़ा। उसने देखा कि एक 8 वर्ष का बालक उसे पुकार रहा है।

आज कई दिन पर उस मुहल्ले में साईं दिखलाई पड़ा है। साईं वैरागी था,-माया नहीं, मोह नहीं। परन्तु कुछ दिनों से उसकी आदत पड़ गयी थी कि दोपहर को मोहन के घर जाना, अपने दो-तीन गन्दे गूदड़ यत्न से रख कर उन्हीं पर बैठ जाता और मोहन से बातें करता। जब कभी मोहन उसे गरीब और भिखमंगा जानकर माँ से अभिमान करके पिता की नजर बचाकर कुछ साग-रोटी लाकर दे देता, तब उस साईं के मुख पर पवित्र मैत्री के भावों का साम्राज्य हो जाता। गूदड़ साईं उस समय 10 बरस के बालक के समान अभिमान, सराहना और उलाहना के आदान-प्रदान के बाद उसे बड़े चाव से खा लेता; मोहन की दी हुई एक रोटी उसकी अक्षय-तृप्ति का कारण होती।

एक दिन मोहन के पिता ने देख लिया। वह बहुत बिगड़े। वह थे कट्टर आर्यसमाजी, 'ढोंगी फकीरों पर उनकी साधारण और स्वाभाविक चिढ़ थी।' मोहन को डाँटा कि वह इन लोगों के साथ बातें न किया करे। साईं हँस पड़ा, चला गया।

उसके बाद आज कई दिन पर साईं आया और वह जान-बूझकर उस बालक के मकान की ओर नहीं गया; परन्तु पढ़कर लौटते हुए मोहन ने उसे देखकर पुकारा। और वह लौट भी आया।

"मोहन!"

"तुम आजकल आते नहीं?"

"तुम्हारे बाबा बिगड़ते थे।"

"नहीं, तुम रोटी ले जाया करो।"

"भूख नहीं लगती।"

"अच्छा, कल जरूर आना; भूलना मत!"

इतने में एक दूसरा लड़का साईं का गूदड़ खींचकर भागा। गूदड़ लेने के लिए साईं उस लड़के के पीछे दौड़ा। मोहन खड़ा देखता रहा, साईं आँखों से ओझल हो गया।

चौराहे तक दौड़ते-दौड़ते साईं को ठोकर लगी, वह गिर पड़ा। सिर से खून बहने लगा। खिझाने के लिए जो लड़का उसका गूदड़ लेकर भागा था, वह डर से ठिठका रहा। दूसरी ओर से मोहन के पिता ने उसे पकड़ लिया, दूसरे हाथ से साईं को पकड़ कर उठाया। नटखट लड़के के सर पर चपत पड़ने लगी; साईं उठकर खड़ा हो गया।

"मत मारो, मत मारो, चोट आती होगी!" साईं ने कहा-और लड़के को छुड़ाने लगा! मोहन के पिता ने साईं से पूछा-"तब चीथड़े के लिए दौड़ते क्यों थे?"

सिर फटने पर भी जिसको रुलाई नहीं आयी थी, वह साईं लड़के को रोते देखकर रोने लगा। उसने कहा-"बाबा, मेरे पास, दूसरी कौन वस्तु है, जिसे देकर इन 'रामरूप' भगवान को प्रसन्न करता!"

"तो क्या तुम इसीलिए गूदड़ रखते हो?"

"इस चीथड़े को लेकर भागते हैं भगवान् और मैं उनसे लड़कर छीन लेता हूँ; रखता हूँ फिर उन्हीं से छिनवाने के लिए, उनके मनोविनोद के लिए। सोने का खिलौना तो उचक्के भी छीनते हैं, पर चीथड़ों पर भगवान् ही दया करते हैं!" इतना कहकर बालक का मुँह पोंछते हुए मित्र के समान गलबाँही डाले हुए साईं चला गया।

मोहन के पिता आश्चर्य से बोले-"गूदड़ साईं! तुम निरे गूदड़ नहीं; गुदड़ी के लाल हो!!"

गुदड़ी में लाल

दीर्घ निश्वासों का क्रीड़ा-स्थल, गर्म-गर्म आँसुओं का फूटा हुआ पात्र! कराल काल की सारंगी, एक बुढ़िया का जीर्ण कंकाल, जिसमें अभिमान के लय में करुणा की रागिनी बजा करती है।

अभागिनी बुढ़िया, एक भले घर की बहू-बेटी थी। उसे देखकर दयालु वयोवृद्ध, हे भगवान! कहके चुप हो जाते थे। दुष्ट कहते थे कि अमीरी में बड़ा सुख लूटा है। नवयुवक देश-भक्त कहते थे, देश दरिद्र है; खोखला है। अभागे देश में जन्मग्रहण करने का फल भोगती है। आगामी भविष्य की उज्ज्वलता में विश्वास रखकर हृदय के रक्त पर सन्तोष करे। जिस देश का भगवान् ही नहीं; उसे विपत्ति क्या! सुख क्या!

परन्तु बुढ़िया सबसे यही कहा करती थी-”मैं नौकरी करूँगी। कोई मेरी नौकरी लगा दो।” देता कौन? जो एक घड़ा जल भी नहीं भर सकती, जो स्वयं उठ कर सीधा खड़ी नहीं हो सकती थी, उससे कौन काम करायें? किसी की सहायता लेना पसन्द नहीं, किसी की भिक्षा का अन्न उसके मुख में पैठता ही न था। लाचार होकर बाबू रामनाथ ने उसे अपनी दुकान में रख लिया। बुढ़िया की बेटी थी, वह दो पैसे कमाती थी। अपना पेट पालती थी, परन्तु बुढ़िया का विश्वास था कि कन्या का धन खाने से उस जन्म में बिल्ली, गिरगिट और भी क्या-क्या होता है। अपना-अपना विश्वास ही है, परन्तु धार्मिक विश्वास हो या नहीं, बुढ़िया को अपने आत्माभिमान का पूर्ण विश्वास था। वह अटल रही। सर्दी के दिनों में अपने ठिठुरे हुए हाथ से वह अपने लिए पानी भर के रखती। अपनी बेटी से सम्भवत: उतना ही काम कराती, जितना अमीरी के दिनों में कभी-कभी उसे अपने घर बुलाने पर कराती।

बाबू रामनाथ उसे मासिक वृत्ति देते थे। और भी तीन-चार पैसे उसे चबेनी के, जैसे और नौकरों को मिलते थे, मिला करते थे। कई बरस बुढ़िया के बड़ी प्रसन्नता से कटे। उसे न तो दु:ख था और न सुख। दुकान में झाड़ू लगाकर उसकी बिखरी हुई चीजों को बटोरे रहना और बैठे-बैठे थोड़ा-घना जो काम हो, करना बुढ़िया का दैनिक कार्य था। उससे कोई नहीं पूछता था कि तुमने कितना काम किया। दुकान के और कोई नौकर यदि दुष्टतावश उसे छेड़ते भी थे, तो रामनाथ उन्हें डाँट देता था।

वसन्त, वर्षा, शरद और शिशिर की सन्ध्या में जब विश्व की वेदना, जगत् की थकावट, धूसर चादर में मुँह लपेट कर क्षितिज के नीरव प्रान्त में सोने जाती थी; बुढ़िया अपनी कोठरी में लेट रहती। अपनी कमाई के पैसे से पेट भरकर, कठोर पृथ्वी की कोमल रोमावली के समान हरी-हरी दूब पर भी लेट रहना किसी-किसी के सुखों की संख्या है, वह सबको प्राप्त नहीं। बुढ़िया धन्य हो जाती थी, उसे सन्तोष होता।

एक दिन उस दुर्बल, दीन, बुढ़िया को बनिये की दुकान में लाल मिरचे फटकना पड़ा। बुढ़िया ने किसी-किसी कष्ट से उसे सँवारा। परन्तु उसकी तीव्रता वह सहन न कर सकी। उसे मूर्च्छा आ गयी। रामनाथ ने देखा, और देखा अपने कठोर ताँबे के पैसे की ओर। उसके हृदय ने धिक्कारा, परन्तु अन्तरात्मा ने ललकारा। उस बनिया रामनाथ को साहस हो गया। उसने सोचा, क्या इस बुढ़िया को ‘पिन्सिन’ नहीं दे सकता? क्या उनके पास इतना अभाव है? अवश्य दे सकता है। उसने मन में निश्चय किया। ”तुम बहुत थक गयी हो, अब तुमसे काम नहीं हो सकता।” बुढ़िया के देवता कूच कर गये। उसने कहा-”नहीं नहीं, अभी तो मैं अच्छी तरह काम कर लेती हूँ।” ”नहीं, अब तुम काम करना बन्द

कर दो, मैं तुमको घर बैठे दिया करूँगा।"

"नहीं बेटा! अभी तुम्हारा काम मैं अच्छा-भला किया करूँगी।" बुढ़िया के गले में काँटे पड़ गये थे। किसी सुख की इच्छा से नहीं, पेन्शन के लोभ से भी नहीं। उसके मन में धक्का लगा। वह सोचने लगी-"मैं बिना किसी काम के किये इसका पैसा कैसे लूँगी?" क्या यह भीख नहीं?" आत्माभिमान झनझना उठा। हृदय-तन्त्री के तार कड़े होकर चढ़ गये। रामनाथ ने मधुरता से कहा-"तुम घबराओ मत, तुमको कोई कष्ट न होगा।"

बुढ़िया चली आयी। उसकी आँखों में आँसू न थे। आज वह सूखे काठ-सी हो गयी। घर जाकर बैठी, कोठरी में अपना सामान एक ओर सुधारने लगी। बेटी ने कहा-"माँ, यह क्या करती हो?"

माँ ने कहा-"चलने की तैयारी करो।"

रामनाथ अपने मन में अपनी प्रशंसा कर रहा था, अपने को धन्य समझता था। उसने समझ लिया कि हमने आज एक अच्छा काम करने का संकल्प किया है। भगवान् इससे अवश्य प्रसन्न होंगे।

बुढ़िया अपनी कोठरी में बैठी-बैठी विचारती थी, "जीवन भर के सञ्चित इस अभिमान-धन को एक मुट्ठी अन्न की भिक्षा पर बेच देना होगा। असह्य! भगवान् क्या मेरा इतना सुख भी नहीं देख सकते! उन्हें सुनना होगा।" वह प्रार्थना करने लगी।

"इस अनन्त ज्वालामयी सृष्टि के करता! क्या तुम्हीं करुणा-निधान हो? क्या इसी डर से तुम्हारा अस्तित्व माना जाता है? अभाव, आशा, असन्तोष और आर्तनादों के आचार्य! क्या तुम्हीं दीनानाथ हो? तुम्हीं ने वेदना का विषम जाल फैलाया है? तुम्हीं ने निष्ठुर दुःखों के सहने के लिए मानव-हृदय सा कोमल पदार्थ चुना है और उसे विचारने के लिए, स्मरण करने के लिए दिया है अनुभवशील मस्तिष्क? कैसी कठोर कल्पना है, निष्ठुर! तुम्हारी कठोर करुणा की जय हो! मैं चिर पराजित हूँ।"

सहसा बुढ़िया के शीर्ण मुख पर कान्ति आ गयी। उसने देखा, एक स्वर्गीय ज्योति उसे बुला रही है। वह हँसी, फिर शिथिल होकर लेट रही।

रामनाथ ने दूसरे ही दिन सुना कि बुढ़िया चली गयी। वेदना-क्लेशहीन-अक्षयलोक में उसे स्थान मिल गया। उस महीने की पेन्शन से उसका दाह-कर्म करा दिया। फिर एक दीर्घ निश्वास छोड़कर बोला, "अमीरी की बाढ़ में न जाने कितनी वस्तु कहाँ से आकर एकत्र हो जाती हैं, बहुतों के पास उस बाढ़ के घट जाने पर केवल कुर्सी, कोच और टूट गहने रह जाते हैं। परन्तु बुढ़िया के पास रह गया था सच्चा स्वाभिमान गुदड़ी का लाल।"

अघोरी का मोह

१

"आज तो भैया, मूँग की बरफी खाने को जी नहीं चाहता, यह साग तो बड़ा ही चटकीला है। मैं तो....."

"नहीं-नहीं जगन्नाथ, उसे दो बरफी तो जरूर ही दे दो।"

"न-न-न। क्या करते हो, मैं गंगा जी में फेंक दूँगा।"

"लो, तब मैं तुम्ही को उलटे देता हूँ।" ललित ने कह कर किशोर की गर्दन पकड़ ली। दीनता से भोली और प्रेम-भरी आँखों से चन्द्रमा की ज्योति में किशोर ने ललित की ओर देखा। ललित ने दो बरफी उसके खुले मुख में डाल दी। उसने भरे हुए मुख से कहा,-भैया, अगर ज्यादा खाकर मैं बीमार हो गया।" ललित ने उसके बर्फ के समान गालों पर चपत लगाकर कहा-"तो मैं सुधाविन्द का नाम गरलधारा रख दूँगा। उसके एक बूँद में सत्रह बरफी पचाने की ताकत है। निर्भय होकर भोजन और भजन करना चाहिए।"

शरद की नदी अपने करारों में दबकर चली जा रही है। छोटा-सा बजरा भी उसी में अपनी इच्छा से बहता हुआ जा रहा है, कोई रोक-टोक नहीं है। चाँदनी निखर रही थी, नाव की रैर करने के लिए ललित अपने अतिथि किशोर के साथ चला आया है। दोनों में पवित्र सौहाद्र है। जाह्नवी की धवलता आ दोनों की स्वच्छ हँसी में चन्द्रिका के साथ मिलकर एक कुतूहलपूर्ण जगत् को देखने के लिए आवाहन कर रही है। धनी सन्तान ललित अपने वैभव में भी किशोर के साथ दीनता का अनुभव करने में बड़ा उत्सुक है। वह सानन्द अपनी दुर्बलताओं को, अपने अभाव को, अपनी करुणा को, उस किशोर बालक से व्यक्त कर रहा है। इसमें उसे सुख भी है, क्योंकि वह एक न समझने वाले हिरन के समान बड़ी-बड़ी भोली आँखों से देखते हुए केवल सुन लेने वाले व्यक्ति से अपनी समस्त कथा कहकर अपना बोझ हलका कर लेता है। और उसका दुःख कोई समझने वाला व्यक्ति न सुन सका, जिससे उसे लज्जित होना पड़ता, यह उसे बड़ा सुयोग मिला है।

ललित को कौन दुःख है? उसकी आत्मा क्यों इतनी गम्भीर है? यह कोई नहीं जानता। क्योंकि उसे सब वस्तु की पूर्णता है, जितनी संसार में साधारणत: चाहिए; फिर भी उसकी नील नीरद-माला-सी गम्भीर मुखाकृति में कभी-कभी उदासीनता बिजली की तरह चमक जाती है।

ललित और किशोर बात करते-करते हँसते-हँसते अब थक गये हैं। विनोद के बाद अवसाद का आगमन हुआ। पान चबाते-चबाते ललित ने कहा-"चलो जी, अब घर की ओर।"

माँझियों ने डाँड़ लगाना आरम्भ किया। किशोर ने कहा-"भैया, कल दिन में इधर देखने की बड़ी इच्छा है। बोलो, कल आओगे?" ललित चुप था। किशोर ने कान में चिल्ला कर कहा-"भैया! कल आओगे न?" ललित ने चुप्पी साध ली। किशोर ने फिर कहा-"बोलो भैया, नहीं तो मैं तुम्हारा पैर दबाने लगूँगा।"

ललित पैर छूने से घबरा कर बोला-"अच्छा, तुम कहो कि हमको किसी दिन अपनी सूखी रोटी

खिलाओगे?..."

किशोर ने कहा-"मैं तुमको खीरमोहन, दिलखुश.." ललित ने कहा-"न-न-न.. मैं तुम्हारे हाथ से सूखी रोटी खाऊँगा-बोलो, स्वीकार है? नहीं तो मैं कल नहीं आऊँगा।"

किशोर ने धीरे से स्वीकार कर लिया। ललित ने चन्द्रमा की ओर देखकर आँख बंद कर लिया। बरौनियों की जाली से इन्द की किरणें घुसकर फिर कोर में से मोती बन-बन कर निकल भागने लगीं। यह कैसी लीला थी!

२

25 वर्ष के बाद

कोई उसे अघोरी कहते हैं, कोई योगी। मुर्दा खाते हुए किसी ने नहीं देखा है, किन्तु खोपड़ियों से खेलते हुए, उसके जोड़ की लिपियों को पढ़ते हुए, फिर हँसते हुए, कई व्यक्तियों ने देखा है। गाँव की स्त्रियाँ जब नहाने आती हैं, तब कुछ रोटी, दूध, बचा हुआ चावल लेती आती हैं। पञ्चवटी के बीच में झोंपड़ी में रख जाती हैं। कोई उससे यह भी नहीं पूछता कि वह खाता है या नहीं। किसी स्त्री के पूछने पर-"बाबा, आज कुछ खाओगे-, अघोरी बालकों की-सी सफेद आँखों से देख कर बोल उठता-"माँ।" युवतियाँ लजा जातीं। वृद्धाएँ करुणा से गद्-गद् हो जातीं और बालिकाएँ खिलखिला कर हँस पड़तीं तब अघोरी गंगा के किनारे उतर कर चला जाता और तीर पर से गंगा के साथ दौड़ लगाते हुए कोसों चला जाता, तब लोग उसे पागल कहते थे। किन्तु कभी-कभी सन्ध्या को सन्तरे के रंग से जब जाह्नवी का जल रँग जाता है और पूरे नगर की अट्टालिकाओं का प्रतिबिम्ब छाया-चित्र का दृश्य बनाने लगता, तब भाव-विभोर होकर कल्पनाशील भावुक की तरह वही पागल निर्निमेष दृष्टि से प्रकृति के अदृश्य हाथों से बनाये हुए कोमल कारीगरी के कमनीय कुसुम को-नन्हें-से फूल को-बिना तोड़े हुए उन्हीं घासों में हिलाकर छोड़ देता और स्नेह से उसी ओर देखने लगता, जैसे वह उस फूल से कोई सन्देश सुन रहा हो।

--

शीत-काल है। मध्याह्न है। सवेरे से अच्छा कुहरा पड़ चुका है। नौ बजने के बाद सूर्य का उदय हुआ है। छोटा-सा बजरा अपनी मस्तानी चाल से जाह्नवी के शीतल जल में सन्तरण कर रहा है। बजरे की छत पर तकिये के सहारे कई बच्चे और स्त्री-पुरुष बैठे हुए जल-विहार कर रहे हैं।

कमला ने कहा-"भोजन कर लीजिए, समय हो गया है।" किशोर ने कहा-"बच्चों को खिला दो, अभी और दूर चलने पर हम खाएँगे।" बजरा जल से कल्लोल करता हुआ चला जा रहा है। किशोर शीतकाल के सूर्य की किरणों से चमकती हुई जल-लहरियों को उदासीन अथवा स्थिर दृष्टि से देखता हुआ न जाने कब की और कहाँ की बातें सोच रहा है। लहरें क्यों उठती हैं और विलीन होती हैं, बुदबुद और जल-राशि का क्या सम्बन्ध है? मानव-जीवन बुदबुद है कि तरंग? बुदबुद है, तो विलीन होकर फिर क्यों प्रकट होता है? मलिन अंश फेन कुछ जलबिन्द से मिलकर बुदबुद का अस्तित्व क्यों बना देता है? क्या वासना और शरीर का भी यही सम्बन्ध है? वासना की शक्ति? कहाँ-कहाँ किस रूप में अपनी इच्छा चरितार्थ करती हुई जीवन को अमृत-गरल का संगम बनाती हुई अनन्त काल तक दौड़ लगायेगी? कभी अवसान होगा, कभी अनन्त जल-राशि में विलीन होकर वह अपनी अखण्ड समाधि लेगी? ..... हैं, क्या सोचने लगा? व्यर्थ की चिन्ता। उहँ।"

नवल ने कहा-"बाबा, ऊपर देखो। उस वृक्ष की जड़ें कैसी अद्भुत फैली हुई हैं।"

किशोर ने चौंक कर देखा। वह जीर्ण वृक्ष, कुछ अनोखा था। और भी कई वृक्ष ऊपर के करारे को उसी तरह घेरे हुए हैं, यहाँ अघोरी की पञ्चवटी है। किशोर ने कहा-"नाव रोक दे। हम यहीं ऊपर चलकर ठहरेंगे। वहीं जलपान करेंगे।" थोड़ी देर में बच्चों के साथ किशोर और कमला उतरकर

पञ्चवटी के करारे पर चढने लगे।

--

सब लोग खा-पी चुके। अब विश्राम करके नाव की ओर पलटने की तैयारी है। मलिन अंग, किन्तु पवित्रता की चमक, मुख पर रुक्षकेश, कौपीनधारी एक व्यक्ति आकर उन लोगों के सामने खड़ा हो गया।

"मुझे कुछ खाने को दो।" दूर खड़ा हुआ गाँव का एक बालक उसे माँगते देखकर चकित हो गया। वह बोला, "बाबू जी, यह पञ्चवटी के अघोरी हैं।"

किशोर ने एक बार उसकी ओर देखा, फिर कमला से कहा-"कुछ बचा हो, तो इसे दे दो।"

कमला ने देखा, तो कुछ परावठे बचे थे। उसने निकालकर दे दिया।

किशोर ने पूछा-"और कुछ नहीं है?" उसने कहा-"नहीं।"

अघोरी उस सूखे परावठे को लेकर हँसने लगा। बोला-"हमको और कुछ न चाहिए।" फिर एक खेलते हुए बच्चे को गोद में उठा कर चूमने लगा। किशोर को बुरा लगा। उसने कहा-"उसे छोड़ दो, तुम चले जाओ।"

अघोरी ने हताश दृष्टि से एक बार किशोर की ओर देखा और बच्चे को रख दिया। उसकी आँखें भरी थीं, किशोर को कुतूहल हुआ। उसने कुछ पूछना चाहा, किन्तु वह अघोरी धीरे-धीरे चला गया। किशोर कुछ अव्यवस्थित हो गये। वह शीघ्र नाव पर सब को लेकर चले आये।

नाव नगर की ओर चली। किन्तु किशोर का हृदय भारी हो गया था। वह बहुत विचारते थे, कोई बात स्मरण करना चाहते थे, किन्तु वह ध्यान में नहीं आती थी-उनके हृदय में कोई भूली हुई बात चिकोटी काटती थी, किन्तु वह विवश थे। उन्हें स्मरण नहीं होता था। मातृ-स्नेह से भरी हुई कमला ने सोचा कि हमारे बच्चों को देखकर अघोरी को मोह हो गया।

पाप की पराजय

१

घने हरे कानन के हृदय में पहाड़ी नदी झिर-झिर करती बह रही है। गाँव से दूर, बन्दूक लिये हुए शिकारी के वेश में, घनश्याम दूर बैठा है। एक निरीह शशक मारकर प्रसन्नता से पतली-पतली लकड़ियों में उसका जलना देखता हुआ प्रकृति की कमनीयता के साथ वह बड़ा अन्याय कर रहा है। किन्तु उसे दायित्व-विहीन विचारपति की तरह बेपरवाही है। जंगली जीवन का आज उसे बड़ा अभिमान है। अपनी सफलता पर आप ही मुग्ध होकर मानव-समाज की शैशवावस्था की पुनरावृत्ति करता हुआ निर्दय घनश्याम उस अधजले जन्तु से उदर भरने लगा। तृप्त होने पर वन की सुधि आई। चकित होकर देखने लगा कि यह कैसा रमणीय देश है। थोड़ी देर में तन्द्रा ने उसे दबा दिया। वह कोमल वृत्ति विलीन हो गयी। स्वप्न ने उसे फिर उद्वेलित किया। निर्मल जल-धारा से धुले हुए पत्तों का घना कानन, स्थान-स्थान पर कुसुमित कुञ्ज, आन्तरिक और स्वाभाविक आलोक में उन कुञ्जों की कोमल छाया, हृदय-स्पर्शकारी शीतल पवन का सञ्चार, अस्फुट आलेख्य के समान उसके सामने स्फुरित होने लगे।

घनश्याम को सुदूर से मधुर झंकार-सी सुनाई पड़ने लगी। उसने अपने को व्याकुल पाया। देखा तो एक अद्भुत दृश्य! इन्द्रनील की पुतली फूलों से सजी हुई झरने के उस पार पहाड़ी से उतर कर बैठी है। उसके सहज-कुञ्चित केश से वन्य कुरुवक कलियाँ कूद-कूद कर जल-लहरियों से क्रीड़ा कर रही हैं। घनश्याम को वह वनदेवी-सी प्रतीत हुई। यद्यपि उसका रंग कंचन के समान नहीं, फिर भी गठन साँचे में ढला हुआ है। आकर्ण विस्तृत नेत्र नहीं, तो भी उनमें एक स्वाभाविक राग है। यह कवि की कल्पना-सी कोई स्वर्गीया आकृति नहीं, प्रत्युत एक भिल्लिनी है। तब भी इसमें सौन्दर्य नहीं है, यह कोई साहस के साथ नहीं कह सकता। घनश्याम ने तन्द्रा से चौंककर उस सहज सौन्दर्य को देखा और विषम समस्या में पड़कर यह सोचने लगा-"क्या सौन्दर्य उपासना की ही वस्तु है, उपभोग की नहीं?" इस प्रश्न को हल करने के लिए उसने हण्टिंग कोट के पाकेट का सहारा लिया। क्लान्तिहारिणी का पान करने पर उसकी आँखों पर रंगीन चश्मा चढ़ गया। उसकी तन्द्रा का यह काल्पनिक स्वर्ग धीरे-धीरे विलास-मन्दिर में परिणत होने लगा। घनश्याम ने देखा कि अदभुत रूप, यौवन की चरम सीमा और स्वास्थ्य का मनोहर संस्करण, रंग बदलकर पाप ही सामने आया।

पाप का यह रूप, जब वह वासना को फाँस कर अपनी ओर मिला चुकता है, बड़ा कोमल अथच कठोर एवं भयानक होता है और तब पाप का मुख कितना सुन्दर होता है! सुन्दर ही नहीं, आकर्षक भी, वह भी कितना प्रलोभन-पूर्ण और कितना शक्तिशाली, जो अनुभव में नहीं आ सकता। उसमें विजय का दर्प भरा रहता है। वह अपने एक मृदु मुस्कान से सुदृढ़ विवेक की अवहेलना करता है। घनश्याम ने धोखा खाया और क्षण भर में वह सरल सुषमा विलुप्त होकर उद्दीपन का अभिनय करने लगी। यौवन ने भी उस समय काम से मित्रता कर ली। पाप की सेना और उसका आक्रमण प्रबल हो चला। विचलित होते ही घनश्याम को पराजित होना पड़ा। वह आवेश में बाँहें फैलाकर झरने को पार करने लगा।

नील की पुतली ने उस ओर देखा भी नहीं। युवक की मांसल पीन भुजायें उसे आलिंगन किया

ही चाहती थीं कि ऊपर पहाड़ी पर से शब्द सुनाई पड़ा-"क्यों नीला, कब तक यहीं बैठी रहेगी? मुझे देर हो रही है। चल, घर चलें।"

घनश्याम ने सिर उठा कर देखा तो ज्योतिर्मयी दिव्य मूर्ति रमणी सुलभ पवित्रता का ज्वलन्त प्रमाण, केवल यौवन से ही नहीं, बल्कि कला की दृष्टि से भी, दृष्टिगत हुई। किन्तु आत्म-गौरव का दुर्ग किसी की सहज पाप-वासना को वहाँ फटकने नहीं देता था। शिकारी घनश्याम लज्जित तो हुआ ही, पर वह भयभीत भी था। पुण्य-प्रतिमा के सामने पाप की पराजय हुई। नीला ने घबराकर कहा-"रानी जी, आती हूँ। जरा मैं थक गयी थी।" रानी और नीला दोनों चली गयीं। अबकी बार घनश्याम ने फिर सोचने का प्रयास किया-क्या सौन्दर्य उपभोग के लिये नहीं, केवल उपासना के लिए है?" खिन्न होकर वह घर लौटा। किन्तु बार-बार वह घटना याद आती रही। घनश्याम कई बार उस झरने पर क्षमा माँगने गया। किन्तु वहाँ उसे कोई न मिला।

२

जो कठोर सत्य है, जो प्रत्यक्ष है, जिसकी प्रचण्ड लपट अभी नदी में प्रतिभाषित हो रही है, जिसकी गर्मी इस शीतल रात्रि में भी अंक में अनुभूत हो रही है, उसे असत्य या उसे कल्पना कह कर उड़ा देने के लिए घनश्याम का मन हठ कर रहा है।

थोड़ी देर पहले जब (नदी पर से मुक्त आकाश में एक टुकड़ा बादल का उठ आया था) चिता लग चुकी थी, घनश्याम आग लगाने को उपस्थित था। उसकी स्त्री चिता पर अतीत निद्रा में निमग्न थी। निठुर हिन्द-शास्त्र की कठोर आज्ञा से जब वह विद्रोह करने लगा था, उसी समय घनश्याम को सान्त्वना हुई, उसने अचानक मूर्खता से अग्नि लगा दी। उसे ध्यान हुआ कि बादल बरस कर निर्दय चिता को बुझा देंगे, उसे जलने न देंगे। किन्तु व्यर्थ? चिता ठंडी होकर और भी ठहर-ठहर कर सुलगने लगी, क्षण भर में जल कर राख न होने पायी।

घनश्याम ने हृदय में सोचा कि यदि हम मुसलमान या ईसाई होते तो? आह! फूलों से मिली हुई मुलायम मिट्टी में इसे सुला देते, सुन्दर समाधि बनाते, आजीवन प्रति सन्ध्या को दीप जलाते, फूल चढ़ाते, कविता पढ़ते, रोते, आँसू बहाते, किसी तरह दिन बीत जाते। किन्तु यहाँ कुछ भी नहीं। हत्यारा समाज! कठोर धर्म! कुत्सित व्यवस्था! इनसे क्या आशा? चिता जलने लगी।

३

श्मशान से लौटते समय घनश्याम ने साथियों को छोड़कर जंगल की ओर पैर बढ़ाया। जहाँ प्रायः शिकार खेलने जाया करता, वहीं जाकर बैठ गया। आज वह बहुत दिनों पर इधर आया है। कुछ ही दूरी पर देखा कि साखू के वृक्ष की छाया में एक सुकुमार शरीर पड़ा है। सिरहाने तकिया का काम हाथ दे रहा है। घनश्याम ने अभी कड़ी चोट खायी है। करुण-कमल का उसके आर्द्र मानस में विकास हो गया था। उसने समीप जाकर देखा कि वह रमणी और कोई नहीं है, वह रानी है, जिसे उसने बहुत दिन हुए एक अनोखे ढंग में देखा था। घनश्याम की आहट पाते ही रानी उठ बैठी। घनश्याम ने पूछा-"आप कौन हैं? क्यों यहाँ पड़ी हैं?"

रानी-"मैं केतकी-वन की रानी हूँ।"

"तब ऐसे क्यों?"

"समय की प्रतीक्षा में पड़ी हूँ।"

"कैसा समय?"

"आप से क्या काम?" क्या शिकार खेलने आये हैं?"

"नहीं देवी! आज स्वयं शिकार हो गया हूँ?"

"तब तो आप शीघ्र ही शहर की ओर पलटेंगे। क्या किसी भिल्लनी के नयन-बाण लगे हैं? किन्तु नहीं, मैं भूल कर रही हूँ। उन बेचारियों को क्षुधा-ज्वाला ने जला रक्खा है। ओह, वह गढ़े में धँसी हुई आँखें अब किसी को आकर्षित करने का सामर्थ्य नहीं रखतीं। हे भगवान, मैं किसलिए पहाड़ी से उतर कर आयी हूँ।"

"देवी! आपका अभिप्राय क्या है, मैं समझ न सका। क्या ऊपर अकाल है, दुर्भिक्ष है?"

"नहीं-नहीं, ईश्वर का प्रकोप है, पवित्रता का अभिशाप है, करुणा की वीभत्स मूर्ति का दर्शन है।"

"तब आपकी क्या इच्छा है?"

"मैं वहाँ की रानी हूँ। मेरे वस्त्र-आभूषण-भण्डार में जो कुछ था, सब बेच कर तीन महीने किसी प्रकार उन्हें खिला सकी, अब मेरे पास केवल इस वस्त्र को छोड़कर और कुछ नहीं रहा कि विक्रय करके एक भी क्षुधित पेट की ज्वाला बुझाती, इसलिए ....।"

"क्या?"

"शहर चलूँगी। सुना है कि वहाँ रूप का भी दाम मिलता है। यदि कुछ मिल सके ..."

"तब?"

"तो इसे भी बेच दूँगी। अनाथ बालकों को इससे कुछ तो सहायता पहुँच सकेगी। क्यों, क्या मेरा रूप बिकने योग्य नहीं है?"

युवक घनश्याम इसका उत्तर देने में असमर्थ था। कुछ दिन पहले वह अपना सर्वस्व देकर भी ऐसा रूप क्रय करने को प्रस्तुत हो जाता। आज वह अपनी स्त्री के वियोग में बड़ा ही सीधा, धार्मिक, निरीह एवं परोपकारी हो गया था। आर्त मुमुक्षु की तरह उसे न जाने किस वस्तु की खोज थी।

घनश्याम ने कहा-"मैं क्या उत्तर दूँ?"

"क्यों? क्या दाम न लगेगा? हाँ तुम भी आज किस वेश में हो? क्या सोचते हो? बोलते क्यों नहीं?"

"मेरी स्त्री का शरीरान्त हो गया।"

"तब तो अच्छा हुआ, तुम नगर के धनी हो। तुम्हें तो रूप की आवश्यकता होती होगी। क्या इसे क्रय करोगे?"

घनश्याम ने हाथ जोड़कर सिर नीचा कर लिया। तब उस रानी ने कहा-"उस दिन तो एक भिल्लनी के रूप पर मरते थे। क्यों, आज क्या हुआ?"

"देवी, मेरा साहस नहीं है-वह पाप का वेग था।"

"छि: पाप के लिए साहस था और पुण्य के लिए नहीं?"

घनश्याम रो पड़ा और बोला-"क्षमा कीजिएगा। पुण्य किस प्रकार सम्पादित होता है, मुझे नहीं मालूम। किन्तु इसे पुण्य कहने में..।"

"संकोच होता है। क्यों?"

इसी समय दो-तीन बालक, चार-पाँच स्त्रियाँ और छः-सात भील अनाहार-क्लिष्ट शीर्ण कलेवर पवन के बल से हिलते-डुलते रानी के सामने आकर खड़े हो गये।

रानी ने कहा-"क्यों अब पाप की परिभाषा करोगे?"

घनश्याम ने काँप कर कहा-"नहीं, प्रायश्चित करूँगा, उस दिन के पाप का प्रायश्चित।"

युवक घनश्याम वेग से उठ खड़ा हुआ, बोला-"बहिन, तुमने मेरे जीवन को अवलम्ब दिया है। मैं निरुद्देश्य हो रहा था, कर्तव्य नहीं सूझ पड़ता था। आपको क्रय-विक्रय न करना पड़ेगा। देवी! मैं सन्ध्या तक आ जाऊँगा।"

"सन्ध्या तक?"

"और भी पहले।"

बालक रोने लगे-"रानी माँ, अब नहीं रह जाता।" घनश्याम से भी नहीं रहा गया, वह भागा।

घनश्याम की पापभूमि, देखते-देखते गाड़ी और छकड़ों से भर गयी, बाजार लग गया, रानी के प्रबन्ध में घनश्याम ने वहीं पर अकाल पीड़ितों की सेवा आरम्भ कर दी।

जो घटना उसे बार-बार स्मरण होती थी, उसी का यह प्रायश्चित था। घनश्याम ने उसी भिल्लनी को प्रधान प्रबन्ध करनेवाली देख कर आश्चर्य किया। उसे न जाने क्यों हर्ष और उत्साह दोनों हुए।

सहयोग

मनोरमा, एक भूल से सचेत होकर जब तक उसे सुधारने में लगती है, तब तक उसकी दूसरी भूल उसे अपनी मनुष्यता पर ही सन्देह दिलाने लगती है। प्रतिदिन प्रतिक्षण भूल की अविच्छिन्न शृंखला मानव-जीवन को जकड़े हुए है, यह उसने कभी हृदयंगम नहीं किया। भ्रम को उसने शत्रु के रूप में देखा। वह उससे प्रति-पद शंकित और संदिग्ध रहने लगी! उसकी स्वाभाविक सरलता, जो बनावटी भ्रम उत्पन्न कर दिया करती थी, और उसके अस्तित्व में सुन्दरता पालिश कर दिया करती थी, अब उससे बिछुड़ने लगी। वह एक बनावटी रूप और आवभगत को अपना आभरण समझने लगी।

मोहन, एक हृदय-हीन युवक उसे दिल्ली से ब्याह लाया था। उसकी स्वाभाविकता पर अपने आतंक से क्रूर शासन करके उसे आत्मचिन्ताशून्य पति-गत-प्राणा बनाने की उत्कट अभिलाषा से हृदय-हीन कल से चलती-फिरती हुई पुतली बना डाला और वह इसी में अपनी विजय और पौरुष की पराकाष्ठा समझने लगा था।

धीरे-धीरे अब मनोरमा में अपना निज का कुछ नहीं रहा। वह उसे एक प्रकार से भूल-सी गयी थी। दिल्ली के समीप का यमुना-तट का वह गाँव, जिसमें वह पली थी, बढ़ी थी, अब उसे कुछ विस्मृत-सा हो चला था। वह ब्याह करने के बाद द्विरागमन के अवसर पर जब से अपनी ससुराल आयी थी, वह एक अद्भुत दृश्य था। मनुष्य-समाज में पुरुषों के लिए वह कोई बड़ी बात न थी, किन्तु जब उन्हें घर छोड़कर कभी किसी काम में परदेश जाना पड़ता है, तभी उनको उस कथा के अधम अंश का आभास सूचित होता है। वह सेवा और स्नेहवृत्तिवाली स्त्रियाँ ही कर सकती हैं। जहाँ अपना कोई नहीं है, जिससे कभी की जान-पहचान नहीं, जिस स्थान पर केवल बधू-दर्शन का कुतूहल मात्र उसकी अभ्यर्थना करने वाला है, वहाँ वह रोते और सिसकते किसी साहस से आयी और किसी को अपने रूप से, किसी को विनय से, किसी को स्नेह से उसने वश करना आरम्भ किया। उसे सफलता भी मिली। जिस तरह एक महाउद्योगी किसी भारी अनुसन्धान के लिए अपने घर से अलग होकर अपने सहारे अपना साधन बनाता है, वा कथा-सरित्सागर के साहसिक लोग बैताल या विद्याधरत्व की सिद्धि के असम्भवनीय साहस का परिचय देते हैं, वह इन प्रतिदिन साहसकारिणी मनुष्य-जाति की किशोरियों के सामने क्या है, जिनकी बुद्धि और अवस्था कुछ भी इसके अनुकूल नहीं है।

हिन्द शास्त्रानुसार शूद्रा स्त्री मनोरमा ने आश्चर्यपूर्वक ससुराल में द्वितीय जन्म ग्रहण कर लिया। उसे द्विजन्मा कहने में कोई बाधा नहीं है।

१

मेला देखकर मोहन लौटा। उसकी अनुराग-लता, उसकी प्रगल्भा प्रेयसी ने उसका साथ नहीं दिया। सम्भवत: वह किसी विशेष आकर्षक पुरुष के साथ सहयोग करके चली गयी। मेला फीका हो गया। नदी के पुल पर एक पत्थर पर वह बैठ गया। अँधेरी रात धीरे-धीरे गम्भीर होती जा रही थी। कोलाहल, जनरव और रसीली तानें विरल हो चलीं। ज्यों-ज्यों एकान्त होने लगा, मोहन की आतुरता बढ़ने लगी। नदी-तट की शरद-रजनी में एकान्त, किसी की अपेक्षा करने लगा। उसका हृदय चञ्चल हो चला। मोहन ने सोचा, इस समय क्या करें? विनोदी हृदय उत्सुक हुआ। वह चाहे जो हो, किसी

की संगति को इस समय आवश्यक समझने लगा। प्यार न करने पर भी मनोरमा का ही ध्यान आया। समस्या हल होते देखकर वह घर की ओर चल पड़ा।

२

मनोरमा का त्योहार अभी बाकी था। नगर भर में एक नीरव अवसाद हो गया था; किन्तु मनोरमा के हृदय में कोलाहल हो रहा था। ऐसे त्योहार के दिन भी वह मोहन को न खिला सकी थी। लैम्प के मन्द प्रकाश में खिड़की के जंगले के पास वह बैठी रही। विचारने को कुछ भी उसके पास न था। केवल स्वामी की आशा में दास के समान वह उत्कण्ठित बैठी थी। दरवाजा खटका, वह उठी, चतुरा दासी से भी अच्छी तरह उसने स्वामी की अभ्यर्थना, सेवा, आदर और सत्कार करने में अपने को लगा दिया। मोहन चुपचाप अपने ग्रासों के साथ वाग्युद्ध और दन्तघर्षण करने लगा। मनोरमा ने भूलकर भी यह न पूछा कि तुम इतनी देर कहाँ थे? क्यों नहीं आये? न वह रूठी, न वह ऐंठी, गुरुमान की कौन कहे, लघुमान का छींटा नहीं। मोहन को यह और असह्य हो गया। उसने समझा कि हम इस योग्य भी नहीं रहे कि कोई हमसे यह पूछे-"तुम कहाँ इतनी देर मरते थे?" पत्नी का अपमान उसे और यन्त्रणा देने लगा। वह भोजन करते-करते अकस्मात् रुक गया। मनोरमा ने पूछा-"क्या दूध ले आऊँ, अब और कुछ नहीं लीजियेगा?"

साधारण प्रश्न था। किन्तु मोहन को प्रतीत हुआ कि यह तो अतिथि की-सी अभ्यर्थना है, गृहस्थ की अपने घर की सी नहीं। वह चट बोल उठा-"नहीं, आज दूध न लूँगा।" किन्तु मनोरमा तो तब तक दूध का कटोरा लेकर सामने आ गई, बोली-"थोड़ा-सा लीजिए, अभी गरम है।"

मोहन बार-बार सोचता था कि कोई ऐसी बात निकले जिसमें मुझे कुछ करना पड़े और मनोरमा मानिनी बने, मैं उसे मनाऊँ, किन्तु मनोरमा में वह मिट्टी ही नहीं रही। मनोरमा तो कल की पुतली हो गयी थी। मोहन ने-'दूध अभी गरम है', इसी में से देर होने का व्यंग निकाल लिया और कहा-"हाँ, आज मेला देखने चला गया था, इसी में देर हुई।"

किन्तु वहाँ कैफियत तो कोई लेता न था, देने के लिए प्रस्तुत अवश्य था। मनोरमा ने कहा-"नहीं, अभी देर तो नहीं हुई। आध घण्टा हुआ होगा कि दूध उतारा गया है।"

मोहन हताश हो गया। चुपचाप पलँग पर जा लेटा। मनोरमा ने उधर ध्यान भी नहीं दिया। वह चतुरता से गृहस्थी की सारी वस्तुओं को समेटने लगी। थोड़ी देर में इससे निबटकर वह अपनी भूल समझ गयी। चट पान लगाने बैठ गयी। मोहन ने यह देखकर कहा-"नहीं, मैं पान इस समय न खाऊँगा।"

मनोरमा ने भयभीत स्वर से कहा-"बिखरी हुई चीजें इकट्ठी न कर लेती, बिल्ली-चूहे उसे खराब कर देते। थोड़ी देर हुई है, क्षमा कीजिए। दो पान तो अवश्य खा लीजिए।"

बाध्य होकर मोहन को दो पान खाना पड़ा। अब मनोरमा पैर दबाने बैठी। वेश्या से तिरस्कृत मोहन घबरा उठा। वह इस सेवा से कब छुट्टी पावे? इस सहयोग से क्या बस चले। उसने विचारा कि मनोरमा को मैंने ही तो ऐसा बनाना चाहा था। अब वह ऐसी हुई, तो मुझे अब विरक्ति क्यों है? इसके चरित्र का यह अंश क्यों नहीं रुचता-किसी ने उसके कान में धीरे से कहा-"तुम तो अपनी स्त्री को अपनी दासी बनाना चाहते थे, जो वास्तव में तुम्हारी अन्तरात्मा को ईप्सित नहीं था। तुम्हारी कुप्रवृत्तियों की वह उत्तेजना थी कि वह तुम्हारी चिर-संगिनी न होकर दासी के समान आज्ञाकारिणी मात्र रहे। वही हुआ। अब क्यों झंखते हो!"

अकस्मात् मोहन उठ बैठा। मोहन और मनोरमा एक-दूसरे के पैर पकड़े हुए थे।

पत्थर की पुकार

१

नवल और विमल दोनों बात करते हुए टहल रहे थे। विमल ने कहा- "साहित्य-सेवा भी एक व्यसन है।"

"नहीं मित्र! यह तो विश्व भर की एक मौन सेवा-समिति का सदस्य होना है।"

"अच्छा तो फिर बताओ, तुमको क्या भला लगता है? कैसा साहित्य रुचता है?"

"अतीत और करुणा का जो अंश साहित्य में हो, वह मेरे हृदय को आकर्षित करता है।"

नवल की गम्भीर हँसी कुछ तरल हो गयी। उन्होंने कहा-"इससे विशेष और हम भारतीयों के पास धरा क्या है! स्तुत्य अतीत की घोषणा और वर्तमान की करुणा, इसी का गान हमें आता है। बस, यह भी एक भाँग-गाँजे की तरह नशा है।" विमल का हृदय स्तब्ध हो गया। चिर प्रसन्न-वदन मित्र को अपनी भावना पर इतना कठोर आघात करते हुए कभी भी उसने नहीं देखा था। वह कुछ विरक्त हो गया। मित्र ने कहा-"कहाँ चलोगे?" उसने कहा-"चलो, मैं थोड़ा घूम कर गंगा-तट पर मिलूँगा।" नवल भी एक ओर चला गया।

२

चिन्ता में मग्न विमल एक ओर चला। नगर के एक सूने मुहल्ले की ओर जा निकला। एक टूटी चारपाई अपने फूटे झिलँगे में लिपटी पड़ी है। उसी के बगल में दीन कुटी फूस से ढँकी हुई, अपना दरिद्र मुख भिक्षा के लिए खोले हुए बैठी है। दो-एक ढाँकी और हथौड़े, पानी की प्याली, कूची, दो काले शिलाखण्ड परिचारक की तरह उस दीन कुटी को घेरे पड़े हैं। किसी को न देखकर एक शिलाखण्ड पर न जाने किसके कहने से विमल बैठ गया। यह चुपचाप था। विदित हुआ कि दूसरा पत्थर कुछ धीरे-धीरे कह रहा है। वह सुनने लगा- "मैं अपने सुखद शैल में संलग्न था। शिल्पी! तूने मुझे क्यों ला पटका? यहाँ तो मानव की हिंसा का गर्जन मेरे कठोर वक्ष:स्थल का भेदन कर रहा है। मैं तेरे प्रलोभन में पड़ कर यहाँ चला आया था, कुछ तेरे बाहुबल से नहीं, क्योंकि मेरी प्रबल कामना थी कि मैं एक सुन्दर मूर्ति में परिणत हो जाऊँ। उसके लिए अपने वक्ष:स्थल को क्षत-विक्षत कराने को प्रस्तुत था। तेरी टाँकी से हृदय चिराने में प्रसन्न था! कि कभी मेरी इस सहनशीलता का पुरस्कार, सराहना के रूप में मिलेगा और मेरी मौन मूर्ति अनन्तकाल तक उस सराहना को चुपचाप गर्व से स्वीकार करती रहेगी। किन्तु निष्ठर! तूने अपने द्वार पर मुझे फूटे हुए ठीकरे की तरह ला पटका। अब मैं यहीं पर पड़ा-पड़ा कब तक अपने भविष्य की गणना करूँगा?"

पत्थर की करुणामयी पुकार से विमल को क्रोध का सञ्चार हुआ। और वास्तव में इस पुकार में अतीत और करुणा दोनों का मिश्रण था, जो कि उसके चित्त का सरल विनोद था। विमल भावप्रवण होकर रोष से गर्जन करता हुआ पत्थर की ओर से अनुरोध करने को शिल्पी के दरिद्र कुटीर में घुस पड़ा।

"क्यों जी, तुमने इस पत्थर को कितने दिनों से यहाँ ला रक्खा है? भला वह भी अपने मन में क्या समझता होगा? सुस्त होकर पड़े हो, उसकी कोई सुन्दर मूर्ति क्यों न बना डाली?" विमल ने रुक्ष स्वर में कहा।

पुरानी गुदड़ी में ढँकी हुई जीर्ण-शीर्ण मूर्ति खाँसी से कँप कर बोली-"बाबू जी! आपने तो मुझे कोई आज्ञा नहीं दी थी।"

"अजी तुम बना लिये होते, फिर कोई-न-कोई तो इसे ले लेता। भला देखो तो यह पत्थर कितने दिनों से पड़ा तुम्हारे नाम को रो रहा है।"-विमल ने कहा। शिल्पी ने कफ निकाल कर गला साफ करते हुए कहा-"आप लोग अमीर आदमी है। अपने कोमल श्रवणेन्द्रियों से पत्थर का रोना, लहरों का संगीत, पवन की हँसी इत्यादि कितनी सूक्ष्म बातें सुन लेते हैं, और उसकी पुकार में दत्तचित्त हो जाते हैं। करुणा से पुलकित होते हैं, किन्तु क्या कभी दुखी हृदय के नीरव क्रन्दन को भी अन्तरात्मा की श्रवणेन्द्रियों को सुनने देते हैं, जो करुणा का काल्पनिक नहीं, किन्तु वास्तविक रूप है?"

विमल के अतीत और करुणा-सम्बन्धी समस्त सद्भाव कठोर कर्मण्यता का आवाहन करने के लिए उसी से विद्रोह करने लगे। वह स्तब्ध होकर उसी मलिन भूमि पर बैठ गया।

उस पार का योगी

सामने सन्ध्या-धूसरित जल की एक चादर बिछी है। उसके बाद बालू की बेला है, उसमें अठखेलियाँ करके लहरों ने सीढ़ी बना दी है। कौतुक यह है कि उस पर भी हरी-हरी दूब जम गयी है। उस बालू की सीढ़ी की ऊपरी तह पर जाने कब से एक शिला पड़ी है। कई वर्षाओं ने उसे अपने पेट में पचाना चाहा, पर वह कठोर शिला गल न सकी, फिर भी निकल ही आती थी। नन्दलाल उसे अपने शैशव से ही देखता था। छोटी-सी नदी, जो उसके गाँव से सटकर बहती थी, उसी के किनारे वह अपनी सितारी लेकर पश्चिम की धूसर आभा में नित्य जाकर बैठ जाता। जिस रात को चाँदनी निकल आती, उसमें देर तक और अँधेरी रात के प्रदोष में जब तक अन्धकार नहीं हो जाता था, बैठकर सितारी बजाता अपनी टपरियों में चला जाता था।

नन्दलाल अँधेरे में डरता न था। किन्तु चन्द्रिका में देर तक किसी अस्पष्ट छाया को देख सकता था। इसलिए, आज भी उसी शिला पर वह मूर्ति बैठी है। गैरिक वसन की आभा सान्ध्य-सूर्य से रञ्जित नभ से होड़ कर रही है। दो-चार लटें इधर-उधर मांसल अंश पर वन के साथ खेल रही हैं। नदी के किनारे प्राय: पवन का बसेरा रहता है, इसी से यह सुविधा है। जब से शैशव-सहचरी नलिनी से नन्दलाल का वियोग हुआ है, वह अपनी सितारी से ही मन बहलाता है, सो भी एकान्त में; क्योंकि नलिनी से भी वह किसी के सामने मिलने पर सुख नहीं पाता था। किन्तु हाय रे सुख! उत्तेजनामय आनन्द को अनुभव करने के लिए एक साक्षी भी चाहिए। बिना किसी दूसरे को अपना सुख दिखाए हृदय भली-भाँति से गर्व का अनुभव नहीं कर पाता। चन्द्र-किरण, नदी-तरंग, मलय-हिल्लोल, कुसुम-सुरभि और रसाल-वृक्ष के साथ ही नन्दलाल को यह भी विश्वास था. कि उस पार का योगी भी कभी-कभी उस सितारी की मीड़ से मरोड़ खाता है। लटें उसके कपोल पर ताल देने लगती हैं।

चाँदनी निखरी थी। आज अपनी सितारी के साथ नन्दलाल भी गाने लगा था। वह प्रणय-संगीत था-भावुकता और काल्पनिक प्रेम का सम्भार बड़े वेग से उच्छ्वसित हुआ। अन्त:करण से दबी हुई तरलवृत्ति, जो विस्मृत स्वप्न के समान हलका प्रकाश देती थी, आज न जाने क्यों गैरिक निर्झर की तरह उबल पड़ी। जो वस्तु आज तक मैत्री का सुख-चिह्न थी-जो सरल हृदय का उपहार थी-जो उदारता की कृतज्ञता थी-उसने ज्वाला, लालसापूर्ण प्रेम का रूप धारण किया। संगीत चलने लगा।

"अरे कौन है.....मुझे बचाओ.....आह.....", पवन ने उपयुक्त दूत की तरह यह सन्देश नन्दलाल के कानों तक पहुँचाया। वह व्याकुल होकर सितारी छोड़ कर दौड़ा। नदी में फाँद पड़ा। उसके कानों में नलिनी का सा स्वर सुनाई पड़ा। नदी छोटी थी-खरस्रोता थी। नन्दलाल हाथ मारता हुआ लहरों को चीर रहा था। उसके बाहु-पाश में एक सुकुमार शरीर आ गया।

चन्द्रकिरणों और लहरियों को बातचीत करने का एक आधार मिला। लहरी कहने लगी-"अभागे! तू इस दुखिया नलिनी को बचाने क्यों आया, इसने तो आज अपने समस्त दु:खों का अन्त कर दिया था।"

किरण-"क्यों जी, तुम लोगों ने नन्दलाल को बहुत दिन तक बीच में बहा कर हल्ला-गुल्ला मचाकर, बचाया था।"

लहरी-"और तुम्हीं तो प्रकाश डालकर उसे सचेत कराती रही हो।"

किरण-"आज तक उस बेचारे को अँधेरे में रक्खा था। केवल आलोक की कल्पना करके वह अपने आलेख्य पट को उद्भासित कर लेता था। उस पार का योगी सुदूरवर्ती परदेशी की रम्य स्मृति को शान्त तपोवन का दृश्य था।"

लहरी-"पगली! सुख-स्वप्न के सदृश और आशा में आनन्द के समान मैं बीच में पड़ी-पड़ी उसके सरल नेह का बहुत दिनों तक सञ्चय करती रही-आन्तरिक आकर्षणपूर्ण सम्मिलन होने पर भी, वासना-रहित निष्काम सौन्दर्यमय व्यवधान बन कर मैं दोनों के बीच में बहती थी; किन्तु नन्दलाल इतने में सन्तुष्ट न हो सका। उछल-कूद कर हाथ चलाकर मुझे भी गँदला कर दिया। उसे बहने, डूबने और उतराने का आवेश बढ़ गया था।"

किरण-"हूँ, तब डूबें बहें।"

पवन चुपचाप इन बातों को सुन कर नदी के बहाव की ओर सर्राटा मार कर सन्देशा कहने को भगा। किन्तु वे दूर निकल गये थे। सितारी मूर्च्छना में पड़ी रही।

करुणा की विजय

१

सन्ध्या की दीनता गोधूली के साथ दरिद्र मोहन की रिक्त थाली में धूल भर रही है। नगरोपकण्ठ में एक कुएँ के समीप बैठा हुआ अपनी छोटी बहन को वह समझा रहा है। फटे हुए कुरते की कोर से उसके अश्रु पोंछने में वह सफल नहीं हो रहा था, क्योंकि कपड़े के सूत से अश्रु विशेष थे। थोड़ा-सा चना, जो उसके पात्र में बेचने का बचा था, उसी को रामकली माँगती थी। तीन वर्ष की रामकली को तेरह वर्ष का मोहन सँभालने में असमर्थ था।

ढाई पैसे का वह बेच चुका है। अभी दो-तीन पैसे का चना जो जल और मिर्चें में उबाला हुआ था, और बचा है। मोहन चाहता था कि चार पैसे उसके रोकड़ में और बचे रहें, डेढ़-दो पैसे का कुछ लेकर अपना और रामकली का पेट भर लेगा। चार पैसे से सबेरे चने उबाल कर फिर अपनी दूकान लगा लेगा। किन्तु विधाता को यह नहीं स्वीकार था। जब से उसके माता-पिता मरे, साल भर से वह इसी तरह अपना जीवन निर्वाह करता था। किसी सम्बन्धी या सज्जन की दृष्टि उसकी ओर न पड़ी। मोहन अभिमानी था। वह धुन का भी पक्का था। किन्तु आज वह विचलित हुआ। रामकली की कौन कहे, वह भी भूख की ज्वाला सहन न कर सका। अपने अदृष्ट के सामने हार मानकर रामकली को उसने खिलाया। बचा हुआ जो था, उसने मोहन के पेट की गरमी और बढ़ा दी। ढाई पैसे का और भी कुछ लाकर अपनी भूख मिटायी। दोनों कुएँ की जगत् पर सो गये।

२

दरिद्रता और करुणा से झगड़ा चल पड़ा। दरिद्रता बोली-"देखो जी, मेरा कैसा प्रभाव है।" करुणा ने कहा-"मेरा सर्वत्र राज्य है। तुम्हारा विद्रोह सफल न होगा।" दरिद्रता ने कहा-"गिरती हुई बालू की दीवार कहकर नहीं गिरती। तुम्हारा काल्पनिक क्षेत्र नीहार की वर्षा से कब तक सिञ्चा रहेगा?" अभिमान अभी तक चुप बैठा रहा, किन्तु उससे नहीं रहा गया। कहा-"मैं भी किसी दल में घुस कर देखूँगा कि कौन जीतता है।" दोनों ने पूछा कि तुम किसका साथ दोगे? अभिमान ने कहा-"जिधर की जीत देखूँगा।"

करुणा ने विश्रान्त बालकों को सुख देने का विचार किया। मलय हिल्लोल की थपकी देकर सुला देना चाहा। दरिद्रता ने दिन भर की जमी हुई गर्द कदम्ब के पत्तों पर से खिसका दी। बालकों के सरल मुख ने धूल पड़ने से कुछ विकृत रूप धारण किया। दरिद्रता ने स्वप्न में भयानक रूप धारण करके उन्हें दर्शन दिया। मोहन का शरीर काँपने लगा। दूर से देखती हुई करुणा भी कँप उठी। अकस्मात् मोहन उठा और झोंक से बोला-"भीख न माँगूँगा, मरूँगा।"

एक क्रन्दन और धमाका। रामकली को कुएँ ने अपनी शीतल गोद में ले लिया। डाल पर से दरिद्रता के अट्टहास की तरह उल्लू बोल उठा। उसी समय बँगले पर मेंहदी की टट्टी से घिरे हुए चबूतरे पर आसमानी पंखे के नीचे मसहरी में से नगर-पिता दण्डनायक चिल्ला उठे-"पंखा खींचो।"

-- --

प्रसन्न-वदन न्यायाधीश ने एक स्थिर दृष्टि से देखते हुए अपराधी मोहन से कहा-"बालक, तुमने अपराध स्वीकार करते हुए कि रामकली अपनी बहिन की हत्या तुम्हीं ने की है, मृत्युदण्ड चाहा है। किन्तु न्याय अपराध का कारण ढूँढ़ता है। सिर काटती है तलवार, किन्तु वही सिर काटने के अपराध में नहीं तोड़ी जाती है। निर्बोध बालक, तुम्हारा कुछ भी अभी कर्तृत्व नहीं है। तुमने यदि यह हत्या की भी हो, तो तुम केवल हत्यारी के अस्त्र थे। नगर के व्यवस्थापक पर इसका दायित्व है कि तीन वर्ष की रामकली तुम्हारे हाथ में क्यों दी गयी! यदि कोई उत्तराधिकारी-विहीन धनी मर जाता, तो व्यवस्थापक नगर-पिता उसके धन को अपने कोष में रखवा लेते। यदि निर्बोध उत्तराधिकारी रहता, तो उसकी सम्पत्ति सुरक्षित करने की वह व्यवस्था करते। किन्तु असहाय, निर्धन और अभिमानी तथा निर्बोध बालक के हाथ में शिशु का भार रख देना राष्ट्र के शुभ उद्देश्य की गुप्त रीति से और शिशु की प्रकट हत्या करना है। तुम इसके अपराधी नहीं हो। तुम मुक्त हो।"

करुणा रोते हुए हँस पड़ी। अपनी विजय की वर्षा मोहन के अभिमान के अश्रु बनकर रने लगी।

खंडहर की लिपि

जब बसन्त की पहली लहर अपना पीला रंग सीमा के खेतों पर चढ़ा लायी, काली कोयल ने उसे बरजना आरम्भ किया और भौंरे गुनगुना कर काना-फूँसी करने लगे, उसी समय एक समाधि के पास लगे हुए गुलाब ने मुँह खोलने का उपक्रम किया। किन्तु किसी युवक के चञ्चल हाथ ने उसका हौसला भी तोड़ दिया। दक्षिण पवन ने उससे कुछ झटक लेना चाहा, बिचारे की पंखुड़ियाँ झड़ गयीं। युवक ने इधर-उधर देखा। एक उदासी और अभिलाषामयी शून्यता ने उसकी प्रत्याशी दृष्टि को कुछ उत्तर न दिया। बसन्त-पवन का एक भारी झोंका "हा-हा" करता उसकी हँसी उड़ाता चला गया।

सटी हुई टेकरी की टूटी-फूटी सीढ़ी पर युवक चढ़ने लगा। पचास सीढ़ियाँ चढ़ने के बाद वह बगल की बहुत पुरानी दालान में विश्राम लेने के लिए ठहर गया। ऊपर जो जीर्ण मन्दिर था, उसका ध्वंसावशेष देखने को वह बार-बार जाता था। उस भग्न स्तूप से युवक को आमन्त्रित करती हुई 'आओ आओ' की अपरिस्फुट पुकार बुलाया करती। जाने कब के अतीत ने उसे स्मरण कर रक्खा है। मण्डप के भग्न कोण में एक पत्थर के ऊपर न जाने कौन-सी लिपि थी, जो किसी कोरदार पत्थर में लिखी गयी थी। वह नागरी तो कदापि नहीं थी। युवक ने आज फिर उसी ओर देखते-देखते उसे पढ़ना चाहा। बहुत देर तक घूमता-घूमता वह थक गया था, इससे उसे निद्रा आने लगी। वह स्वप्न देखने लगा।

कमलों का कमनीय विकास झील की शोभा को द्विगुणित कर रहा है। उसके आमोद के साथ वीणा की झनकार, झील के स्पर्श के शीतल और सुरभित पवन में भर रही थी। सुदूर प्रतीचि में एक सहस्रदल स्वर्ण-कमल अपनी शेष स्वर्ण-किरण की भी मृणाल पर व्योम-निधि में खिल रहा है। वह लज्जित होना चाहता है। वीणा के तारों पर उसकी अन्तिम आभा की चमक पड़ रही है। एक आनन्दपूर्ण विषाद से युवक अपनी चञ्चल अँगुलियों को नचा रहा है। एक दासी स्वर्णपात्र में केसर, अगुरु, चन्दन-मिश्रित अंगराग और नवमल्लिका की माला, कई ताम्बूल लिये हुए आयी, प्रणाम करके उसने कहा-"महाश्रेष्ठि धनमित्र की कन्या ने श्रीमान् के लिए उपहार भेजकर प्रार्थना की है कि आज के उद्यान गोष्ठ में आप अवश्य पधारने की कृपा करें। आनन्द विहार के समीप उपवन में आपकी प्रतीक्षा करती हुई कामिनी देवी बहुत देर तक रहेंगी।"

युवक ने विरक्त होकर कहा-"अभी कई दिन हुए हैं, मैं सिंहल से आ रहा हूँ, मेरा पोत समुद्र में डूब गया है। मैं ही किसी तरह बचा हूँ। अपनी स्वामिनी से कह देना कि मेरी अभी ऐसी अवस्था नहीं है कि मैं उपवन के आनन्द का उपभोग कर सकूँ।"

"तो प्रभु, क्या मैं यही उत्तर दे दूँ? "दासी ने कहा।

"हाँ, और यह भी कह देना कि-तुम सरीखी अविश्वासिनी स्त्रियों से मैं और भी दूर भागना चाहता हूँ, जो प्रलय के समुद्र की प्रचण्ड आँधी में एक जर्जर पोत से भी दुर्बल और उस डुबा देनेवाली लहर से भी भयानक है।" युवक ने अपनी वीणा सँवारते हुए कहा।

"वे उस उपवन में कभी की जा चुकी हैं, और हमसे यह भी कहा है कि यदि वे गोष्ठ में न आना चाहें, तो स्तूप की सीढ़ी के विश्राम-मण्डप में मुझसे एक बार अवश्य मिल लें, मैं निर्दोष हूँ।" दासी ने सविनय कहा।

युवा ने रोष-भरी दृष्टि से देखा। दासी प्रणाम करके चली गयी। सामने का एक कमल सन्ध्या के प्रभाव से कुम्हला रहा था। युवक को प्रतीत हुआ कि वह धनमित्र की कन्या का मुख है। उससे मकरन्द नहीं, अश्रु गिर रहे हैं। 'मैं निर्दोष हूँ', यही भौंरे भी गूँजकर कह रहे हैं।

युवक ने स्वप्न में चौंककर कहा–"मैं आऊँगा।" आँख न खोलने पर भी उसने उस जीर्ण दालान की लिपि पढ़ ली–"निष्ठर! अन्त को तुम नहीं आये।" युवक सचेत होकर उठने को था कि वह कई सौ बरस की पुरानी छत धम से गिरी।

वायुमण्डल में–"आओ-आओ" का शब्द गूँजने लगा।

कलावती की शिक्षा

श्यामसुन्दर ने विरक्त होकर कहा-""कला! यह मुझे नहीं अच्छा लगता।"" कलावती ने लैम्प की बत्ती कम करते हुए सिर झुकाकर तिरछी चितवन से देखते हुए कहा-""फिर मुझे भी सोने के समय यह रोशनी अच्छी नहीं लगती।""

श्यामसुन्दर ने कहा-"तुम्हारा पलँग तो इस रोशनी से बचा है। तुम जाकर सो रहो।" और तुम रात भर यों ही जागते रहोगे।" अब की धीरे से कलावती ने हाथ से पुस्तक भी खींच ली। श्यामसुन्दर को इस स्नेह में भी क्रोध आ गया। तिनक गये-"तुम पढ़ने का सुख नहीं जानती, इसलिए तुमको समझाना ही मूर्खता है।" कलावती ने प्रगल्भ होकर कहा-"मूर्ख बनकर थोड़ा समझा दो।"

श्यामसुन्दर भड़क उठे, उनकी शिक्षिता उपन्यास की नायिका उसी अध्याय में अपने प्रणयी के सामने आयी थी- वह आगे बातचीत करती; उसी समय ऐसा व्याघात। 'स्त्रीणामाद्य प्रणय-वचनं' कालिदास ने भी इसे नहीं छोड़ा था। कैसा अमूल्य पदार्थ! अशिक्षिता कलावती ने वहीं रस भंग किया। बिगड़कर बोले-"वह तुम इस जन्म में नहीं समझोगी।"

कलावती ने और भी हँसकर कहा-"देखो, उस जन्म में भी ऐसा बहाना न करना।"

पुष्पाधार में धरे हुए नरगिस के गुच्छे ने अपनी एकटक देखती हुई आँखों से चुपचाप यह दृश्य देखा और वह कालिदास के तात्पर्य को बिगाड़ते हुए श्यामसुन्दर की धृष्टता न सहन कर सका, और शेष 'विभ्रमोहि प्रियेषु' का पाठ हिलकर करने लगा।

-- --

श्यामसुन्दर ने लैम्प की बत्ती चढ़ायी, फिर अध्ययन आरम्भ हुआ। कलावती अब की अपने पलँग पर जा बैठी। डब्बा खोलकर पान लगाया, दो खीली लेकर फिर श्यामसुन्दर के पास आयी। श्याम ने कहा-"रख दो।" खीलीवाला हाथ मुँह की ओर बढ़ा, कुछ मुख भी बढ़ा, पान उसमें चला गया। कलावती फिर लौटी ओर एक चीनी की पुतली लेकर उसे पढ़ाने बैठी-"देखो, मैं तुम्हें दो-चार बातें सिखाती हूँ, उन्हें अच्छी तरह रट लेना। लज्जा कभी न करना, यह पुरुषों की चालाकी है, जो उन्होंने इसे स्त्रियों के हिस्से कर दिया है। यह दूसरे शब्दों में एक प्रकार का भ्रम है, इसलिए तुम भी ऐसा रूप धारण करना कि पुरुष, जो बाहर से अनुकम्पा करते हुए तुमसे भीतर-भीतर घृणा करते हैं, वह भी तुमसे भयभीत रहें, तुम्हारे पास आने का साहस न करें। और कृतज्ञ होना दासत्व है। चतुरों ने अपना कार्य-साधन करने का अस्त्र इसे बनाया है। इसीलिए इसकी ऐसी प्रशंसा की है कि लोग इसकी ओर आकर्षित हो जाते हैं। किन्तु है यह दासत्व। यह शरीर का नहीं, किन्तु अन्तरात्मा का दासत्व है। इस कारण कभी-कभी लोग बुरी बातों का भी समर्थन करते हैं। प्रगल्भता, जो आजकल बड़ी बाढ़ पर है, बड़ी अच्छी वस्तु है। उसके बल से मूर्ख भी पण्डित समझे जाते हैं। उसका अच्छा अभ्यास करना, जिसमें तुमको कोई मूर्ख न कह सके, कहने का साहस ही न हो। पुतली! तुमने रूप का परिवर्तन भी छोड़ दिया है, यह और भी बुरा है। सोने के कोर की साड़ी तुम्हारे मस्तक को अभी भी ढँके हैं, तनिक इसे खिसका दो। बालों को लहरा दो। लोग लगें पैर चूमने, प्यारी पुतली! समझी न?"

श्यामसुन्दर के उपन्यास की नायिका भी अपने नायक के गले लग गयी थी, प्रसन्नता से उसका

मुख-मण्डल चमकने लगा। वह अपना आनन्द छिपा नहीं सकता था। पुतली की शिक्षा उसने सुनी कि नहीं, हम नहीं कह सकते, किन्तु वह हँसने लगा। कलावती को क्या सूझा, लो वह तो सचमुच उसके गले लगी हुई थी। अध्याय समाप्त हुआ। पुतली को अपना पाठ याद रहा कि नहीं, लैम्प के धीमे प्रकाश में कुछ समझ न पड़ा।

चक्रवर्ती का स्तम्भ

"बाबा यह कैसे बना? इसको किसने बनाया? इस पर क्या लिखा है?" सरला ने कई सवाल किये। बूढ़ा धर्मरक्षित, भेड़ों के झुण्ड को चरते हुए देख रहा था। हरी टेकरी झारल के किनारे सन्ध्या के आपत की चादर ओढ़ कर नया रंग बदल रही थी। भेड़ों की मण्डली उस पर धीरे-धीरे चरती हुई उतरने-चढ़ने में कई रेखा बना रही थी।

अब की ध्यान आकर्षित करने के लिए सरला ने धर्मरक्षित का हाथ खींचकर उस स्तम्भ को दिखलाया। धर्मरक्षित ने निश्वास लेकर कहा-"बेटी, महाराज चक्रवर्ती अशोक ने इसे कब बनाया था। इस पर शील और धर्म की आज्ञा खुदी है। चक्रवर्ती देवप्रिय ने यह नहीं विचार किया कि ये आज्ञाएँ बक-बक मानी जायँगी। धर्मोन्मत्त लोगों ने इस स्थान को ध्वस्त कर डाला। अब विहार में डर से कोई-कोई भिक्षुक भी कभी दिखाई पड़ता है।"

वृद्ध यह कहकर उद्विग्न होकर कृष्ण सन्ध्या का आगमन देखने लगा। सरला उसी के बगल में बैठ गयी। स्तम्भ के ऊपर बैठा हुआ आज्ञा का रक्षक सिंह धीरे-धीरे अन्धकार में विलीन हो गया।

थोड़ी देर में एक धर्मशील कुटुम्ब उसी स्थान पर आया। जीर्ण स्तूप पर देखते-देखते दीपावली हो गयी। गन्ध-कुसुम से वह स्तूप अर्चित हुआ। अगुरु की गन्ध, कुसुम-सौरभ तथा दीपमाला से वह जीर्ण स्थान एक बार आलोकपूर्ण हो गया। सरला का मन उस दृश्य से पुलकित हो उठा। वह बार-बार वृद्ध को दिखाने लगी, धार्मिक वृद्ध की आँखों में उस भक्तिमयी अर्चना से जल-बिन्द दिखाई देने लगे। उपासकों में मिलकर धर्मरक्षित और सरला ने भी भरे हुए हृदय से उस स्तूप को भगवान् के उद्देश्य से नमस्कार किया।

-- --

टापों के शब्द वहाँ से सुनाई पड़ रहे हैं। समस्त भक्ति के स्थान पर भय ने अधिकार कर लिया। सब चकित होकर देखने लगे। उल्काधारी अश्वारोही और हाथों में नंगी तलवार! आकाश के तारों ने भी भय से मुँह छिपा लिया। मेघ-मण्डली रो-रो कर मना करने लगी, किन्तु निष्ठर सैनिकों ने कुछ न सुना। तोड़-ताड़, लूट-पाट करके सब पुजारियों को, 'बुतपरस्तों' को बाँध कर उनके धर्म-विरोध का दण्ड देने के लिए ले चले। सरला भी उन्हीं में थी।

धर्मरक्षित ने कहा-"सैनिकों, तुम्हारा भी कोई धर्म है?"

एक ने कहा-"सर्वोत्तम इस्लाम धर्म।"

धर्मरक्षित-"क्या उसमें दया की आज्ञा नहीं है?" उत्तर न मिला।

धर्मरक्षित-"क्या जिस धर्म में दया नहीं है, उसे भी तुम धर्म कहोगे?"

एक दूसरा-"है क्यों नहीं? दया करना हमारे धर्म में भी है। पैगम्बर का हुक्म है, तुम बूढ़े हो, तुम पर दया की जा सकती है। छोड़ दो जी, उसको।" बूढ़ा छोड़ दिया गया।

धर्मरक्षित-"मुझे चाहे बाँध लो, किन्तु इन सबों को छोड़ दो। वह भी सम्राट् था, जिसने इस स्तम्भ पर समस्त जीवों के प्रति दया करने की आज्ञा खुदवा दी है। क्या तुम भी देश विजय करके सम्राट्

हुआ चाहते हो? तब दया क्यों नहीं करते?"

एक बोल उठा-"क्या पागल बूढ़े से बक-बक कर रहे हो? कोई ऐसी फिक्र करो कि यह किसी बुत की परस्तिश का ऊँचा मीनार तोड़ा जाय।"

सरला ने कहा-"बाबा, हमको यह सब लिये जा रहे हैं।"

धर्मरक्षित-"बेटी, असहाय हूँ, वृद्ध बाँहों में बल भी नहीं है, भगवान् की करुणा का स्मरण कर। उन्होंने स्वयं कहा है कि-"संयोग: विप्रयोगन्ता:।"

निष्ठर लोग हिंसा के लिए परिक्रमण करने लगे। किन्तु पत्थरों में चिल्लाने की शक्ति नहीं है कि उसे सुनकर वे क्रूर आत्माएँ तुष्ट हों। उन्हें नीरव रोने में भी असमर्थ देखकर मेघ बरसने लगे। चपला चमकने लगी। भीषण गर्जन होने लगा। छिपने के लिए वे निष्ठर भी स्थान खोजने लगे। अकस्मात् एक भीषण गर्जन और तीव्र आलोक, साथ ही धमाका हुआ।

चक्रवर्ती का स्तम्भ अपने सामने यह दृश्य न देख सका। अशनिपात से खण्ड-खण्ड होकर गिर पड़ा। कोई किसी का बन्दी न रहा।

दुखिया

१

पहाड़ी देहात, जंगल के किनारे के गाँव और बरसात का समय! वह भी ऊषाकाल! बड़ा ही मनोरम दृश्य था। रात की वर्षा से आम के वृक्ष तराबोर थे। अभी पत्तों से पानी ढुलक रहा था। प्रभात के स्पष्ट होने पर भी धुँधले प्रकाश में सड़क के किनारे आम्रवृक्ष के नीचे बालिका कुछ देख रही थी। 'टप' से शब्द हुआ, बालिका उछल पड़ी, गिरा हुआ आम उठाकर अञ्चल में रख लिया। (जो पाकेट की तरह खोंस कर बना हुआ था।)

दक्षिण पवन ने अनजान में फल से लदी हुई डालियों से अठखेलियाँ कीं। उसका सञ्चित धन अस्त-व्यस्त हो गया। दो-चार गिर पड़े। बालिका ऊषा की किरणों के समान ही खिल पड़ी। उसका अञ्चल भर उठा। फिर भी आशा में खड़ी रही। व्यर्थ प्रयास जान कर लौटी, और अपनी झोंपड़ी की ओर चल पड़ी। फूस की झोंपड़ी में बैठा हुआ उसका अन्धा बूढ़ा बाप अपनी फूटी हुई चिलम सुलगा रहा था। दुखिया ने आते ही आँचल से सात आमों में से पाँच निकाल कर बाप के हाथ में रख दिये। और स्वयं बरतन माँजने के लिए 'डबरे' की ओर चल पड़ी।

बरतनों का विवरण सुनिए, एक फूटी बटुली, एक लोंहदी और लोटा, यही उस दीन परिवार का उपकरण था। डबरे के किनारे छोटी-सी शिला पर अपने फटे हुए वस्त्र सँभाले हुए बैठकर दुखिया ने बरतन मलना आरम्भ किया।

२

अपने पीसे हुए बाजरे के आटे की रोटी पकाकर दुखिया ने बूढ़े बाप को खिलाया और स्वयं बचा हुआ खा-पीकर पास ही के महुए के वृक्ष की फैली जड़ों पर सिर रख कर लेट रही। कुछ गुनगुनाने लगी। दुपहरी ढल गयी। अब दुखिया उठी और खुरपी-जाला लेकर घास छीलने चली। जमींदार के घोड़े के लिए घास वह रोज दे आती थी, कठिन परिश्रम से उसने अपने काम भर घास कर लिया, फिर उसे डबरे में रख कर धोने लगी।

सूर्य की सुनहली किरणें बरसाती आकाश पर नवीन चित्रकार की तरह कई प्रकार के रंग लगाना सीखने लगीं। अमराई और ताड़-वृक्षों की छाया उस शाद्वल जल में पड़कर प्राकृतिक चित्र का सृजन करने लगी। दुखिया को विलम्ब हुआ, किन्तु अभी उसकी घास धो नहीं गयी, उसे जैसे इसकी कुछ परवाह न थी। इसी समय घोड़े की टापों के शब्द ने उसकी एकाग्रता को भंग किया।

जमींदार कुमार सन्ध्या को हवा खाने के लिए निकले थे। वेगवान 'बालोतरा' जाति का कुम्मेद पचकल्यान आज गरम हो गया था। मोहनसिंह से बेकाबू होकर वह बगटूट भाग रहा था। संयोग! जहाँ पर दुखिया बैठी थी, उसी के समीप ठोकर लेकर घोड़ा गिरा। मोहनसिंह भी बुरी तरह घायल होकर गिरे। दुखिया ने मोहनसिंह की सहायता की। डबरे से जल लाकर घावों को धोने लगी। मोहन ने पट्टी बाँधी, घोड़ा भी उठकर शान्त खड़ा हुआ। दुखिया जो उसे टहलाने लगी थी। मोहन ने कृतज्ञता की दृष्टि से दुखिया को देखा, वह एक सुशिक्षित युवक था। उसने दरिद्र दुखिया को उसकी सहायता के

बदले ही रुपया देना चाहा। दुखिया ने हाथ जोड़कर कहा-"बाबू जी , हम तो आप ही के गुलाम हैं। इसी घोड़े को घास देने से हमारी रोटी चलती है।"

अब मोहन ने दुखिया को पहिचाना। उसने पूछा- "क्या तुम रामगुलाम की लडक़ी हो?"

"हाँ, बाबूजी।"

"वह बहुत दिनों से दिखता नहीं!"

"बाबू जी, उनकी आँखों से दिखाई नहीं पड़ता।"

"अहा, हमारे लड़कपन में वह हमारे घोड़े को, जब हम उस पर बैठते थे, पकड़कर टहलाता था। वह कहाँ है?"

"अपनी मड़ई में।"

"चलो, हम वहाँ तक चलेंगे।"

किशोरी दुखिया को कौन जाने क्यों संकोच हुआ, उसने कहा- "बाबूजी, घास पहुँचाने में देर हुई है। सरकार बिगड़ेंगे।"

"कुछ चिन्ता नहीं; तुम चलो।"

लाचार होकर दुखिया घास का बोझा सिर पर रखे हुए झोंपड़ी की ओर चल पड़ी। घोड़े पर मोहन पीछे-पीछे था।

३

"रामगुलाम, तुम अच्छे तो हो?"

"राज! सरकार! जुग-जुग जीओ बाबू!" बूढ़े ने बिना देखे अपनी टूटी चारपाई से उठते हुए दोनों हाथ अपने सिर तक ले जाकर कहा।

"रामगुलाम, तुमने पहचान लिया?"

"न कैसे पहचानें, सरकार! यह देह पली है।" उसने कहा।

"तुमको कुछ पेन्शन मिलती है कि नहीं?"

"आप ही का दिया खाते हैं, बाबूजी। अभी लडक़ी हमारी जगह पर घास देती है।"

भावुक नवयुवक ने फिर प्रश्न किया, "क्यों रामगुलाम, जब इसका विवाह हो जायेगा, तब कौन घास देगा?"

रामगुलाम के आनन्दाश्रु दु:ख की नदी होकर बहने लगे। बड़े कष्ट से उसने कहा-"क्या हम सदा जीते रहेंगे?"

अब मोहन से नहीं रहा गया, वहीं दो रुपये उस बुड्ढे को देकर चलते बने। जाते-जाते कहा-"फिर कभी।"

दुखिया को भी घास लेकर नहीं जाना था। वह पीछे चली।

जमींदार की पशुशाला थी। हाथी, ऊँट, घोड़ा, बुलबुल, भैंसा, गाय, बकरे, बैल, लाल, किसी की कमी नहीं थी। एक दुष्ट नजीब खाँ इन सबों का निरीक्षक था। दुखिया को देर से आते देखकर उसे अवसर मिला। बड़ी नीचता से उसने कहा-"मारे जवानी के तेरा मिजाज ही नहीं मिलता! कल से तेरी नौकरी बन्द कर दी जायगी। इतनी देर?"

दुखिया कुछ नहीं बोलती, किन्तु उसको अपने बूढ़े बाप की याद आ गयी। उसने सोचा, किसी तरह नौकरी बचानी चाहिए, तुरन्त कह बैठी- "छोटे सरकार घोड़े पर से गिर पड़े रहे। उन्हें मड़ई तक पहुँचाने में देर .....।"

"चुप हरामजादी! तभी तो तेरा मिजाज और बिगड़ा है। अभी बड़े सरकार के पास चलते हैं।"

वह उठा और चला। दुखिया ने घास का बोझा पटका और रोती हुई झोंपड़ी की ओर चलती हुई। राह चलते-चलते उसे डबरे का सायंकालीन दृश्य स्मरण होने लगा। वह उसी में भूल कर अपने घर पहुँच गई।

प्रतिमा

१

जब अनेक प्रार्थना करने पर यहाँ तक कि अपनी समस्त उपासना और भक्ति का प्रतिदान माँगने पर भी 'कुञ्जबिहारी' की प्रतिमा न पिघली, कोमल प्राणों पर दया न आयी, आँसुओं के अघ्र्य देने पर भी न पसीजी, और कुञ्जनाथ किसी प्रकार देवता को प्रसन्न न कर सके, भयानक शिकारी ने सरला के प्राण ले ही लिये, किन्तु पाषाणी प्रतिमा अचल रही, तब भी उसका राग-भोग उसी प्रकार चलता रहा; शंख, घण्टा और दीपमाला का आयोजन यथा-नियम होता रहा। केवल कुञ्जनाथ तब से मन्दिर की फुलवारी में पत्थर पर बैठकर हाथ जोड़कर चला आता। "कुञ्जबिहारी" के समक्ष जाने का साहस नहीं होता। न जाने मूर्ति में उसे विश्वास ही कम हो गया था कि अपनी श्रद्धा की, विश्वास की दुर्बलता उसे संकुचित कर देती।

आज चाँदनी निखर रही थी। चन्द्र के मनोहर मुख पर रीझकर सुर-बालाएँ तारक-कुसुम की वर्षा कर रही थीं। स्निग्ध मलयानिल प्रत्येक कुसुम-स्तवक को चूमकर मन्दिर की अनेक मालाओं को हिला देता था। कुञ्ज पत्थर पर बैठा हुआ सब देख रहा था। मनोहर मदनमोहन मूर्ति की सेवा करने को चित्त उत्तेजित हो उठा। कुञ्जनाथ ने सेवा, पुजारी के हाथ से ले ली। बड़ी श्रद्धा से पूजा करने लगा। चाँदी की आरती लेकर जब देव-विग्रह के सामने युवक कुञ्जनाथ खड़ा हुआ, अकस्मात् मानसिक वृत्ति पलटी और सरला का मुख स्मरण हो आया। कुञ्जबिहारी जी की प्रतिमा के मुख-मण्डल पर उसने अपनी दृष्टि जमायी।

"मैं अनन्त काल तक तरंगों का आघात, वर्षा, पवन, धूप, धूल से तथा मनुष्यों के अपमान श्लाघा से बचने के लिए गिरि-गर्भ में छिपा पड़ा रहा, मूर्ति मेरी थी या मैं स्वयं मूर्ति था, यह सम्बन्ध व्यक्त नहीं था। निष्ठुर लौह-अस्त्र से जब काटकर मैं अलग किया गया, तब किसी प्राणी ने अपनी समस्त सहृदयता मुझे अर्पण की, उसकी चेतावनी मेरे पाषाण में मिली, आत्मानुभव की तीव्र वेदना यह सब मुझे मिलते रहे, मुझमें विभ्रम था, विलास था, शक्ति थी। अब तो पुजारी भी वेतन पाता है और मैं भी उसी के अवशिष्ट से अपना निर्वाह......"

और भी क्या मूर्ति कह रही थी, किन्तु शंख और घण्टा भयानक स्वर से बज उठे। स्वामी को देख कर पुजारी लोगों ने धातु-पात्रों को और भी वेग से बजाना आरम्भ कर दिया। कुञ्जनाथ ने आरती रख दी। दूर से कोई गाता हुआ जा रहा था:

> "सच कह दूँ ऐ बिरहमन गर तू बुरा न माने।
> तेरे सनमकदे के बुत हो गये पुराने।"

कुञ्जनाथ ने स्थिर दृष्टि से देखा, मूर्ति में वह सौन्दर्य नहीं, वह भक्ति स्फुरित करनेवाली कान्ति नहीं। वह ललित भाव-लहरी वग आविर्भाव-तिरोभाव मुख-मण्डल से जाने कहाँ चला गया है। धैर्य छोड़कर कुञ्जनाथ चला आया। प्रणाम भी नहीं कर सका।

२

"कहाँ जाती है?"

"माँ आज शिवजी की पूजा नहीं की।"

"बेटी, तुझे कल रात से ज्वर था, फिर इस समय जाकर क्या नदी में स्नान करेगी?"

"हाँ, मैं बिना पूजा किये जल न पियूँगी।"

"रजनी, तू बड़ी हठीली होती जा रही है। धर्म की ऐसी कड़ी आज्ञा नहीं है कि वह स्वास्थ्य को नष्ट करके पालन की जाय।"

"माँ, मेरे गले से जल न उतरेगा। एक बार वहाँ तक जाऊँगी।"

"तू क्यों इतनी तपस्या कर रही है?"

"तू क्यों पड़ी-पड़ी रोया करती है?"

"तेरे लिए।"

"और मैं भी पूजा करती हूँ तेरे लिए कि तेरा रोना छूट जाय"- इतना कहकर कलसी लेकर रजनी चल पड़ी।"

-- --

वट-वृक्ष के नीचे उसी की जड़ में पत्थर का छोटा-सा जीर्ण मन्दिर है। उसी में शिवमूर्ति है, वट की जटा से लटकता हुआ मिट्टी का बर्तन अपने छिद्र से जल-बिन्द गिराकर जाह्नवी और जटा की कल्पना को सार्थक कर रहा है। बैशाख के कोमल विल्वदल उस श्यामल मूर्ति पर लिपटे हैं। गोधूली का समय, शीतलवाहिनी सरिता में स्नान करके रजनी ने दीपक जलाकर आँचल की ओट में छिपाकर उसी मूर्ति के सामने लाकर धर दिया। भक्तिभाव से हाथ जोड़कर बैठ गयी और करुणा, प्रेम तथा भक्ति से भगवान् को प्रसन्न करने लगी। सन्ध्या की मलिनता दीपक के प्रकाश में सचमुच वह पत्थर की मूर्ति मांसल हो गयी। प्रतिमा में सजीवता आ गयी। दीपक की लौ जब पवन से हिलती थी, तब विदित होता था कि प्रतिमा प्रसन्न होकर झूमने लगी है। एकान्त में भक्त भगवान् को प्रसन्न करने लगा। अन्तरात्मा के मिलन से उस जड़ प्रतिमा को आर्द्र बना डाला। रजनी ने विधवा माता की विकलता की पुष्पाञ्जलि बनाकर देवता के चरणों में डाल दी। बेले का फूल और विल्वदल सान्ध्य-पवन से हिल कर प्रतिमा से खिसककर गिर पड़ा। रजनी ने कामना पूर्ण होने का संकेत पाया। प्रणाम करके कलसी उठाकर गाँव की झोपड़ी की ओर अग्रसर हुई।

३

"मनुष्य इतना पतित कभी न होता, यदि समाज उसे न बना देता। मैं अब इस कंकाल समाज से कोई सम्बन्ध न रक्खूँगा। जिसके साथ स्नेह करो, वही कपट रखता है। जिसे अपना समझो, वही कतरनी लिये रहता है। ओह, हम विद्वेष करके इतने क्रूर बना दिये गये हैं, हमें लोगों ने बुरा बना दिया है। अपने स्वार्थ के लिए, हम कदापि इतने दुष्ट नहीं हो सकते थे। हमारी शुद्ध आत्मा में किसने विष मिला दिया है, कलुषित कर दिया है, किसने कपट, चातुरी, प्रवञ्चना सिखायी है? इसी पैशाचिक समाज ने, इसे छोड़ना होगा। किसी से सम्बन्ध ही न रहेगा, तो फिर विद्वेष का मूल ही न रह जायगा। चलो, आज से इसे तिलाञ्जलि दे दो। बस ...." युवक कुञ्जनाथ आम्र-कानन के कोने पर से सन्ध्या के आकाश को देखते हुए कह रहा था। लता की आड़ से निकलती हुई रजनी ने कहा-"हैं! हैं! किसे छोड़ते हो?"

कुञ्जनाथ ने घूमकर देखा कि उनकी स्वर्गीय स्त्री की भगिनी रजनी कलसी लिये आ रही है। कुञ्जनाथ की भावना प्रबल हो उठी। आज बहुत दिनों पर रजनी दिखाई पड़ी है। दरिद्र सास को

कुञ्जनाथ बड़ी अनादर की दृष्टि से देखते थे। उससे कभी मिलना भी अपनी प्रतिष्ठा के विरुद्ध समझते थे। जब से सरला का देहान्त हुआ, तब से और भी। दरिद्र-कन्या से ब्याह करके उन्हें समाज में सिर नीचा करना पड़ा था। इस पाप का फल रजनी की माँ को बिना दिये, बिना प्रतिशोध लिये कुञ्जनाथ को चैन नहीं। रजनी जब बालिका थी, कई बार बहन के पास बैठ कर कुञ्जनाथ से सरल विनोद कर चुकी थी। आज उसके मन में उस बालिका-सुलभ चाञ्चल्य का उदय हो गया। वह बोल उठी-"कुञ्ज बाबू! किसे छोड़ना चाहते हो?"

कुञ्ज, धनी जमींदार-सन्तान था। उससे प्रगल्भ व्यवहार करना साधारण काम नहीं था। कोई दूसरा समय होता, तो कुञ्जनाथ बिगड़ उठता, पर दो दिन से उसके हृदय में बड़ी करुणा है, अत: क्रोध को अवकाश नहीं। हँस कर पूछा-"कहाँ से आती हो, रजनी?"

रजनी ने कहा-"शिव-पूजन करके आ रही हूँ।"

कुञ्ज ने पूछा-"तुम्हारे शिवजी कहाँ हैं?"

रजनी-"यहीं नदी के किनारे।"

कुञ्ज-"मैं भी देखूँगा।"

रजनी-"चलिए।"

दोनों नदी की ओर चले। युवक ने देखा भग्न-मन्दिर का नग्न देवता-न तो वस्त्र हैं, न अलंकार, न चाँदी के पात्र हैं, न जवाहरात की चमक। केवल श्यामल मूर्ति पर हरे-हरे विल्वदल और छोटा-सा दीपक का प्रकाश। कुञ्जनाथ को भक्ति का उद्रेक हुआ। देवमूर्ति के सामने उसने झुककर प्रणाम किया।

क्षण भर में आश्चर्य से कुञ्ज ने देखा कि स्वर्गीय सरला की प्रतिमा रजनी, हाथ जोड़े है, और वह शिव-प्रतिमा कुञ्जबिहारी हो गयी है।

प्रलय

हिमावृत चोटियों की श्रेणी, अनन्त आकाश के नीचे क्षुब्ध समुद्र! उपत्यका की कन्दरा में, प्राकृतिक उद्यान में खड़े हुए युवक ने युवती से कहा-"प्रिये!"

"प्रियतम! क्या होने वाला है?"

"देखो क्या होता है, कुछ चिन्ता नहीं-आसव तो है न?"

"क्यों प्रिय! इतना बड़ा खेल क्या यों ही नष्ट हो जायेगा?"

"यदि नष्ट न हो, खेल ज्यों-का-त्यों बना रहे तब तो वह बेकार हो जायेगा।"

"तब हृदय में अमर होने की कल्पना क्यों थी?"

"सुख-भोग-प्रलोभन के कारण।"

"क्या सृष्टि की चेष्टा मिथ्या थी?"

"मिथ्या थी या सत्य, नहीं कहा जा सकता- पर सर्ग प्रलय के लिए होता है, यह निस्सन्देह कहा जायगा, क्योंकि प्रलय भी एक सृष्टि है।"

"अपना अस्तित्व बनाए रखने के लिए बड़ा उद्योग था"-युवती ने निश्वास लेकर कहा।

"यह तो मैं भी मानूँगा कि अपने अस्तित्व के लिए स्वयं आपको व्यय कर दिया।"-युवक ने व्यंग्य से कहा।

युवती करुणाद्रर हो गयी। युवक ने मन बदलने के लिए कहा-"प्रिये! आसव ले आओ।"

युवती स्फटिक-पात्र में आसव ले आयी। युवक पीने लगा।

"सदा रक्षा करने पर भी यह उत्पात?" युवती ने दीन होकर जिज्ञासा की।

"तुम्हारे उपासकों ने भी कम अपव्यय नहीं किया।" युवक ने सस्मित कहा।

"ओह, प्रियतम! अब कहाँ चलें?" युवती ने मान करके कहा।

कठोर होकर युवक ने कहा-"अब कहाँ, यहीं से यह लीला देखेंगे।"

सूर्य का अलात-चक्र के समान शून्य में भ्रमण, और उसके विस्तार का अग्नि-स्फुलिंग-वर्षा करते हुए आश्चर्य-संकोच! हिम-टीलों का नवीन महानदों के रूप में पलटना, भयानक ताप से शेष प्राणियों का पलटना! महाकापालिक के चिताग्नि-साधन का वीभत्स दृश्य! प्रचण्ड आलोक का अन्धकार!!!

युवक मणि-पीठ पर सुखासीन होकर आसव पान कर रहा है। युवती त्रस्त नेत्रों से इस भीषण व्यापार को देखते हुए भी नहीं देख रही है। जवाकुसुम सदृश और जगत् का तत्काल तरल पारद-समान रंग बदलना, भयानक होने पर भी युवक को स्पृहणीय था। वह सस्मित बोला-"प्रिये! कैसा दृश्य है।"

"इसी का ध्यान करके कुछ लोगों ने आध्यात्मिकता का प्रचार किया था।" युवती ने कहा।

"बड़ी बुद्धिमत्ता थी!" हँस कर युवक ने कहा। वह हँसी ग्रहगण की टक्कर के शब्द से भी कुछ ऊँची थी।

"क्यों?"

"मरण के कठोर सत्य से बचने का बहाना या आड़।"

"प्रिय! ऐसा न कहो।"

"मोह के आकस्मिक अवलम्ब ऐसे ही होते हैं।" युवक ने पात्र भरते हुए कहा।

"इसे मैं नहीं मानूँगी।" दृढ़ होकर युवती बोली।

सामने की जल-राशि आलोड़ित होने लगी। असंख्य जलस्तम्भ शून्य नापने को ऊँचे चढ़ने लगे। कण-जाल से कुहासा फैला। भयानक ताप पर शीतलता हाथ फेरने लगी। युवती ने और भी साहस से कहा-"क्या आध्यात्मिकता मोह है?"

"चैतनिक पदार्थों का ज्वार-भाटा है। परमाणुओं से ग्रथित प्राकृत नियन्त्रण-शैली का एक बिन्द! अपना अस्तित्व बचाये रखने की आशा में मनोहर कल्पना कर लेता है। विदेह होकर विश्वात्मभाव की प्रत्याशा, इसी क्षुद्र अवयव में अन्तर्निहित अन्तःकरण यन्त्र का चमत्कार साहस है, जो स्वयं नश्वर उपादनों को साधन बनाकर अविनाशी होने का स्वप्न देखता है। देखो, इसी सारे जगत् के लय की लीला में तुम्हें इतना मोह हो गया?"

प्रभञ्जन का प्रबल आक्रमण आरम्भ हुआ। महार्णव की आकाशमापक स्तम्भ लहरियाँ भग्न होकर भीषण गर्जन करने लगीं। कन्दरा के उद्यान का अक्षयवट लहरा उठा। प्रकाण्ड शाल-वृक्ष तृण की तरह उस भयंकर फूत्कार से शून्य में उड़ने लगे। दौड़ते हुए वारिद-वृन्द के समान विशाल शैल-शृंग आवर्त में पड़कर चक्र-भ्रमण करने लगे। उद्दीर्ण ज्वालामुखियों के लावे जल-राशि को जलाने लगे। मेघाच्छादित, निस्तेज, स्पृश्य, चन्द्रबिम्ब के समान सूर्यमण्डल महाकापालिक के पिये हुए पान-पात्र की तरह लुढ़कने लगा। भयंकर कम्प और घोर वृष्टि में ज्वालामुखी बिजली के समान विलीन होने लगे।

युवक ने अट्टहास करते हुए कहा-"ऐसी बरसात काहे को मिलेगी! एक पात्र और।"

युवती सहमकर पात्र भरती हुई बोली-"मुझे अपने गले से लगा लो, बड़ा भय लगता है।"

युवक ने कहा-"तुम्हारा त्रस्त करुण अर्ध कटाक्ष विश्व-भर की मनोहर छोटी-सी आख्यायिका का सुख दे रहा है। हाँ एक ....."

"जाओ, तुम बड़े कठोर हो .....।"

"हमारी प्राचीनता और विश्व की रमणीयता ने तुम्हें सर्ग और प्रलय की अनादि लीला देखने के लिए उत्साहित किया था। अब उसका ताण्डव नृत्य देखो। तुम्हें भी अपनी कोमल कठोरता का बड़ा अभिमान था .....।"

"अभिमान ही होता, तो प्रयास करके तुमसे क्यों मिलती? जाने दो, तुम मेरे सर्वस्व हो। तुमसे अब यह माँगती हूँ कि अब कुछ न माँगूँ, चाहे इसके बदले मेरी समस्त कामना ले लो।" युवती ने गले में हाथ डालकर कहा।

-- --

भयानक शीत, दूसरे क्षण असह्य ताप, वायु के प्रचण्ड झोंकों में एक के बाद दूसरे की अद्भुत परम्परा, घोर गर्जन, ऊपर कुहासा और वृष्टि, नीचे महार्णव के रूप में अनन्त द्रवराशि, पवन उन्चासों गतियों से समग्र पञ्चमहाभूतों को आलोड़ित कर उन्हें तरल परमाणुओं के रूप में परिवर्तित करने के

लिए तुला हुआ है। अनन्त परमाणुमय शून्य में एक वट-वृक्ष केवल एक नुकीले शृंग के सहारे स्थित है। प्रभञ्जन के प्रचण्ड आघातों से सब अदृश्य है। एक डाल पर वही युवक और युवती! युवक के मुख-मण्डल के प्रकाश से ही आलोक है। युवती मूर्च्छितप्राय है। वदन-मण्डल मात्र अस्पष्ट दिखाई दे रहा है। युवती सचेत होकर बोली- "प्रियतम!" "क्या प्रिये?"

"नाथ! अब मैं तुमको पाऊँगी।"

"क्या अभी तक नहीं पाया था?"

"मैं अभी तक तुम्हें पहचान भी नहीं सकी थी। तुम क्या हो, आज बता दोगे?"

"क्या अपने को जान लिया था; तुम्हारा क्या उद्देश्य था?"

"अब कुछ-कुछ जान रही हूँ; जैसे मेरा अस्तित्व स्वप्न था; आध्यात्मिकता का मोह था; जो तुमसे भिन्न, स्वतन्त्र स्वरूप की कल्पना कर ली थी, वह अस्तित्व नहीं, विकृति थी। उद्देश्य की तो प्राप्ति हुआ ही चाहती है।"

युवती का मुख-मण्डल अस्पष्ट प्रतिबिम्ब मात्र रह गया था-युवक एक रमणीय तेज-पुंज था।

"तब और जानने की आवश्यकता नहीं, अब मिलना चाहती हो?"

"हूँ" अस्फुट शब्द का अन्तिम भाग प्रणव के समान गूँजने लगा!

"आओ, यह प्रलय-रूपी तुम्हारा मिलन आनन्दमय हो। आओ।"

अखण्ड शान्ति! आलोक!! आनन्द!!!

ध्रुवस्वामिनी

सूचना

विशाखदत्त-द्वारा रचित 'देवीचन्द्रगुप्त' नाटक के कुछ अंश 'श्रृंगार-प्रकाश' और 'नाट्य-दर्पण' से सन् 1923 की ऐतिहासिक पत्रिकाओं में उद्धत हुए। तब चन्द्रगुप्त द्वितीय विक्रमादित्य के जीवन के सम्बन्ध में जो नयी बातें प्रकाश में आयीं, उनसे इतिहास के विद्वानों में अच्छी हलचल मच गयी। शास्त्रीय मनोवृत्ति वालों को, चन्द्रगुप्त के साथ ध्रुवस्वामिनी का पुनर्लग्न असम्भव, विलक्षण और कुरुचिपूर्ण मालूम हुआ। यहाँ तक कि आठवीं शताब्दी के संजात ताम्रपत्र -

हत्वा भ्रातरंमेव राज्यमहरद्देवीं स दीनस्तथा।
लक्षं कोटिमलेखयन् किल किलौ दाता सगुप्तान्वयः॥

के पाठ में संदेह किया जाने लगा :

किन्तु जिस ऐतिहासिक घटना का वर्णन करते हुए सातवीं शताब्दी में बाणभट्ट ने लिखा है -

अरिपुरे च परकलत्रकामुकं कामिनीवेश- श्चन्द्रगुप्तां शतपतिमशातयत्।

और ग्यारहवीं शताब्दी में राजशेखर ने भी लिखा है-

दत्वारुद्धगतिं खसाधिपतये देवीं ध्रुवस्वामिनीम्।
यस्मात् खंडित-साहसो निवतृते श्रीरामगुप्तोनपः॥

वह घटना केवल जनश्रुति कहकर नहीं उड़ायी जा सकती।

विशाखदत्त को तो श्री जायसवाल ने चन्द्रगुप्त की सभा का राजकवि और उसके 'देवी चन्द्रगुप्त' को जीवन चित्रण नाटक भी माना है। यह प्रश्न अवश्य ही कुछ कुतूहल से भरा हुआ है कि विशाखदत्त ने अपने दोनों नाटकों का नायक चन्द्रगुप्त-नामधारी व्यक्ति को ही क्यों बनाया। परन्तु श्रीतैलंग ने तो विशाखदत्त को सातवीं शताब्दी के अवन्तिवर्मा का आश्रित कवि माना है। क्योंकि 'मुद्राराक्षस' की किसी प्राचीन प्रति में उन्हें मुद्राराक्षस के भरत वाक्य 'पार्थिवश्चन्द्रगुप्त' के स्थान पर 'प्राथिवोऽवन्तिवर्मा' भी मिला। विशाखदत्त के आलोचक लोग उसे एक प्रामाणिक ऐतिहासिक नाटककार मानते हैं। उसके लिखे हुए नाटक में इतिहास का अंश कुछ न हो, ऐसा तो नहीं माना जा सकता। राखालसाद बनर्जी, प्रोफेसर अल्वेकर और जायसवाल इत्यादि ने अन्य प्रामाणिक आधार मिलने के कारण ध्रुवस्वामिनी और चन्द्रगुप्त के पुनर्लग्न को ऐतिहासिक तथ्य मान लिया है। यह कहना कि रामगुप्त नाम का कोई राजा गुप्तों की वंशवली में नहीं मिलता और न ही किसी अभिलेख में उसका वर्णन आया है, कोई अर्थ नहीं रखता। समुद्रगुप्त के शासन का उल्लंघन करके, कुछ दिनों तक साम्राज्य में उत्पात मचाकर जो राजनीति के क्षेत्र में अन्तर्धान हो गया हो, उसका अभिलेख वंशावली में न मिले तो कोई आश्चर्य नहीं। हाँ, भण्डारकरजी तो कहते हैं कि उसके लघु-काल-व्यापी शासन का सूचक सिक्का भी चला था। 'काँच' के नाम से प्रसिद्ध जो गुप्त सिक्के मिलते हैं वे रामगुप्त के ही हैं। राम के स्थान पर भ्रम से काच पढ़ा जा रहा था। इसलिए बाणभट्ट की वर्णित घटना अर्थात् स्त्रीवेश धारण करके चन्द्रगुप्त का पर-कलह-कामुक शकराज को मारना और ध्रुवस्वामिनी का पुनर्विवाह इत्यादि के ऐतिहासिक सत्य होने में सन्देह नहीं रह गया है। और मुझे तो इसका स्वयं चन्द्रगुप्त की ओर से एक प्रमाण मिलता है। चन्द्रगुप्त के कुछ सिक्कों पर 'रूपकृति' शब्द का उल्लेख है। रूप

और आकृति को जॉन एलन् ने खींच-तानकर जो शारीरिक और आध्यात्मिक अर्थ किया है, वह व्यर्थ है। रूपकृति विरुद का उल्लेख करके चन्द्रगुप्त अपने उस साहसिक कार्य की स्वीकृति देता है जो ध्रुवस्वामिनी की रक्षा के लिए उसने रूप बदलकर किया है, और जिसका पिछले काल के लेखकों ने भी समय-समय पर समर्थन किया है।

विशाखदत्त के 'देवीचन्द्रगुप्त' नाटक का जितना अंश प्रकाश में आया है, उसे देखकर अबुलहसन अली की बर्कमारिस वाली कथा का मिलान करके कई ऐतिहासिक विद्वानों ने शास्त्रीय दृष्टिकोण रखने वाले आलोचकों को उत्तर देते हुए ध्रुवदेवी के पुनर्लग्न को ऐतिहासिक तथ्य तो मान लिया है, किन्तु भण्डारकरजी ने पराशर और नारद की स्मृतियों से काल की सामाजिक व्यवस्था में पुनर्लग्न होने का प्रमाण भी दिया है। शास्त्रों में अनुकूल और प्रतिकूल दोनों तरह की बातें मिल सकती हैं, परन्तु जिस प्रथा के लिए विधि और निषेध दोनों तरह की सूचनाएं मिलें, तो इतिहास की दृष्टि से वह उस काल में सम्भाव्य मानी जाएंगी। हाँ, समय-समय पर उनमें विरोध और सुधार हुए होंगे और होते रहेंगे। मुझे तो केवल यही देखना है कि इस घटना की सम्भावना इतिहास की दृष्टि से उचित है कि नहीं।

भारतीय दृष्टिकोण को सुरक्षित रखने वाले विशाखदत्त जैसे पण्डित ने जब अपने नाटकों में लिखा है –

रम्यांचारतिकारिणीच करुणाशोकेन नीता दशाम
तत्कालोपगतेन राहुशिरसा गुप्तेव चांद्रीकला।

पत्युः क्लीवजनोचितेन चरितेनानेव पुंसः सतो
लज्जाकोपविषाद भीत्यरतिभिः क्षेत्रीकृता ताम्यते॥

तो उस नाटक के सम्पूर्ण सामने न रहने पर भी, जिससे कि उसके परिणाम का निश्चित पता लगे, उस काल की सामाजिक व्यवस्था को तो अंशतः स्पष्टीकरण हो ही जाता है।

नारद और पराशर के वचन -

अपत्यार्थम् स्त्रियः सृष्टाः स्त्री क्षेत्रं वीजिनो नराः
क्षेत्रं बीजवते देयं नाबीजी क्षेत्रमर्हति। (नारद)

नष्टे मृते प्रवृजिते क्लीवे च पतौ।
पंचास्वापत्सु नारीणां पतिरन्यो विधीयते॥ (पराशर)

के प्रकाश में जब 'देवीचन्द्रगुप्त' नाटक के ऊपर वाले श्लोक का अर्थ किया जाए तो वह घटना अधिक स्पष्ट हो जाती है। रम्या है किन्तु अरतिकारिणी है, में जो श्लेष है, उसमें शास्त्र-व्यवस्था जनित ध्वनि है। और पति के क्लीवजनोचित चरित का उल्लेख, साथ-ही-साथ क्षेत्री-कृता-जैसा परिभाषित शब्द, नाटककार ने कुछ सोचकर ही लिखा होगा।

भण्डारकार और जायसवाल जी, दोनों ही ने अपने लेखों में विधवा के साथ पुनर्लग्न होने की व्यवस्था मानकर ध्रुवदेवी का पुनर्लग्न स्वीकार किया है। किन्तु स्मृति की ही उक्त व्यवथा में अन्य पति ग्रहण करने के लिए पाँच आपत्तियों का उल्लेख किया है, उनमें केवल मृत्यु होने पर ही तो विधवा का पुनर्लग्न होगा। अन्य चार आपत्तियाँ तो पति के जीवनकाल में ही उपस्थिति होती हैं।

उधर जायसवाल चन्द्रगुप्त द्वारा रामगुप्त का वध भी नहीं मानना चाहते, तब 'देवीचन्द्रगुप्त' नाटक की कथा का उपसंहार कैसे हुआ होगा? वैवाहिक विषयों का उल्लेख स्मृतियों को छोड़कर क्या और कहीं नहीं है? क्योंकि स्मृतियों के सम्बन्ध में तो यह भी कहा जा सकता है कि वे इस युग के लिए नहीं, दूसरे युग के लिए हैं, परन्तु इसी कलियुग के विधान-ग्रंथ आचार्य कौटिल्य के 'अर्थशास्त्र' में मुझे इन स्मृतियों की पुष्टि मिली।

किस अवस्था में एक पति दूसरी स्त्री ग्रहण करता है, इसका अनुसंधान करते हुए, धर्मस्थीय प्रकरण के विवाह-संयुक्त में आचार्य कौटिल्य लिखते हैं -

वर्षाण्यष्ट वप्रजायमानामपुत्राम् वंध्यां चाकांक्षेत् दशविन्द,
द्वादश कन्या प्रसविनीम, ततः पुत्रार्थी द्वितीयां विंदेत्।

8 वर्ष तक वन्ध्या, 10 वर्ष तक विन्द अर्थात् नश्यत्प्रसूति, 12 वर्ष तक कन्या प्रसविनी की प्रतीक्षा करके पुत्रार्थी दूसरी स्त्री ग्रहण कर सकता है। पुरुषों का अधिकार बताकर स्त्रियों के अधिकार की घोषणा भी उसी अध्याय के अन्त में है -

नीचत्वम् परदेशम् वा प्रस्थितो राजकिल्विषी।
प्राणभिहंता पतितस्त्याज्यः क्लीवोपवापतिः॥

इसका मेल पराशर या नारद के वाक्यों में मिलता है। इन्हीं अवस्थाओं में पति को छोड़ने का अधिकार स्त्रियों को था। क्योंकि 'अर्थशास्त्र' में आगे भी मोक्ष (divorce) का प्रसंग आता है, उसमें न्यायालय सम्भवतः 'अमोक्षा-भर्तुरकाम्य द्विषती भार्या भार्यायाश्च भर्ता, परस्परं द्वेषानमोक्षः' के आधार पर आदेश देता था। किन्तु साधारण द्वेष से भी जहाँ अन्य चार विवाहों में मोक्ष हो सकते थे, वहाँ धर्म-विवाह में केवल इन्हीं अवस्थाओं में पति त्याज्य समझा जाता था नहीं तो 'अमोक्षोहि धर्म विवाहानाम्' के अनुसार धर्म-विवाहों में मोक्ष नहीं होता था। दमयन्ती के पुनर्लग्न की घोषणा भी पति के नष्ट या परदेश प्रस्थित होने पर ही की गयी थी।

जायसवालजी अबुलहसन अली की यह बात नहीं मानते कि चन्द्रगुप्त ने रामगुप्त की हत्या की होगी। उनका कहना है कि चन्द्रगुप्त तो भरत की तरह बड़े भाई के लिए गद्दी छोड़ चुका था। उनका अनुमान है कि 'Very likely, it came about in the form of popular uprising.' अब नाटकार के 'अरतिकारिणी' और 'क्लीव' आदि शब्द घटना की परिणति की क्या सूचना देते हैं, यह विचारणीय है। बहुत सम्भव है कि अबुलहसन की कथा का आधार 'देवीचन्द्रगुप्त' नाटक ही हो। क्योंकि अबुलहसन के लिखने के पहले उक्त नाटक का होना माना जा सकता है।

यह ठीक है कि हमारे आचार और धर्मशास्त्र की व्यावहारिकता की परम्परा विच्छिन्न-सी है -आगे जितना सुधार या समाज-शास्त्र के परीक्षात्मक प्रयोग देखे या सुने जाते हैं, उन्हें अचिन्तित और नवीन समझकर हम बहुत शीघ्र अभारतीय कह देते हैं, किन्तु मेरा ऐसा विश्वास है कि प्राचीन आर्यावर्त्त ने समाज की दीर्घ काल-व्यापिनी परम्परा में प्रायः प्रत्येक विधा का परीक्षात्मक प्रयोग किया है। तात्कालिक कल्याणकारी परिवर्तन भी हुए हैं। इसीलिए डेढ़ हजार वर्ष पहले यह होना अस्वाभाविक नहीं था। क्या होना चाहिए और कैसा होगा, यह तो व्यव- स्थापक विचार करें; किन्तु इतिहास के आधार पर जो कुछ हो चुका या जिस घटना के घटित होने की सम्भावना है, उसी को लेकर इस नाटक की कथावस्तु का विकास किया गया है।

भण्डारकरजी का मत है कि यह युद्ध गोमती की घाटी में अल्मोड़ा जिले के कार्तिकेयपुर के समीप हुआ। जायसवालजी का मत है कि यह युद्ध 374 ई. से लेकर 380 ई. के बीच में कांगड़ा जिले के अबिबाल स्थान में हुआ था, जहाँ कि प्रथम सिक्ख युद्ध भी हुआ था।

प्रयाग की प्रशस्ति में समुद्रगुप्त की साम्राज्य-नीति में विजित राजाओं के आत्म-निवेदन 'कन्योपायन दान' ग्रहण करने का उल्लेख है। मैंने ध्रुवस्वामिनी के गुप्तकाल में आने का वही कारण माना है।

विशाखदत्त ने ध्रुवदेवी नाम लिखा है, किन्तु मुझे ध्रुवस्वामिनी नाम, जो राजशेखर के 'मुक्तक' में आया है, स्त्रीजनोचित सुन्दर, आदर-सूचक और सार्थक प्रतीत हुआ। इसीलिए मैंने उसी का व्यवहार किया है।

- जयशंकर 'प्रसाद'
चैत्र शुक्ल

प्रथम अंक

(शिविर का पिछला भाग जिसके पीछे पर्वतमाला की प्राचीर है, शिविर का एक कोना दिखलाई दे रहा है जिससे सटा हुआ चन्द्रातप टँगा है। मोटी-मोटी रेशमी डोरियों से सुनहले काम के परदे खम्भों से बँधे हैं। दो-तीन सुन्दर मंच रखे हुए हैं। चन्द्रातप और पहाड़ी के बीच छोटा-सा कुंज, पहाड़ी पर से एक पतली जलधारा उस हरियाली में बहती है। झरने के पास शिलाओं से चिपकी हुई लता की डालियाँ पवन में हिल रही हैं। दो चार छोटे-बड़े वृक्ष, जिन पर फूलों से लदी हुई सेवती की लता छोटा-सा झुरमुट बना रही है।

शिविर के कोने से ध्रुवस्वामिनी का प्रवेश। पीछे-पीछे एक लम्बी और कुरूप स्त्री चुपचाप नंगी तलवार लिए आती है)

ध्रुवस्वामिनी : (सामने पर्वत की ओर देखकर) सीधा तना हुआ, अपने प्रभुत्व की साकार कठोरता, अभ्रभेदी उन्मुक्त शिखर! और इन क्षुद्र कोमल निरीह लताओं और पौधों को इसके चरण में लोटना ही चाहिए न। **(साथ वाली खड्गधारिणी की ओर देखकर)** क्यों, मन्दाकिनी नहीं आई **(वह उत्तर नहीं देती है)** बोलती क्यों नहीं यह तो मैं जानती हूँ कि इस राजकुल के अन्तःपुर में मेरे लिए न जाने कब से नीरव अपमान संचित रहा, जो मुझे आते ही मिला; किन्तु क्या तुम-जैसी दासियों से भी वही मिलेगा इसी शैलमाला की तरह मौन रहने का अभिनय तुम न करो, बोलो! **(वह दाँत निकालकर विनय प्रकट करती हुई कुछ और आगे बढ़ने का संकेत करती है)** अरे, यह क्या, मेरे भाग्य विधाता! यह कैसा इन्द्रजाल? उस दिन राजमहापुरोहित ने कुछ आहुतियों के बाद मुझे आशीर्वाद दिया था, क्या वह अभिशाप था? इस राजकीय अन्तःपुर में सब जैसे एक रहस्य छिपाये हुए चलते हैं, बोलते हैं और मौन हो जाते हैं। **(खड्गधारिणी विवशता और भय का अभिनय करती हुई आगे बढ़ने का संकेत करती है)** तो क्या तुम मूक हो? तुम कुछ बोल न सको, मेरी बातों का उत्तर भी न दो, इसीलिए तुम मेरी सेवा में नियुक्त की गई हो? यह असह्य है। इस राजकुल में एक भी सम्पूर्ण मनुष्यता का निदर्शन नहीं मिलेगा क्या जिधर देखो कुबड़े, बौने, हिजड़े, गूँगे और बहरे...। **(चिढ़ती हुई ध्रुवस्वामिनी आगे बढ़कर झरने के किनारे बैठ जाती है, खड्गधारिणी भी इधर-उधर देखकर ध्रुवस्वामिनी के पैरों के समीप बैठती है।)**

खड्गधारिणी : (सशंक चारों ओर देखती हुई) देवि, प्रत्येक स्थान और समय बोलने के योग्य नहीं होते। कभी-कभी मौन रह जाना बुरी बात नहीं है। मुझे अपनी दासी समझिए। अवरोध के भीतर मैं गूँगी हूँ। यहाँ संदिग्ध न रहने के लिए मुझे ऐसा ही करना पड़ता है।

ध्रुवस्वामिनी : अरे, तो क्या तुम बोलती भी हो पर यह तो कहो, यह कपट आचरण किसलिए?

खड्गधारिणी : एक पीड़ित की प्रार्थना सुनाने के लिए। कुमार चन्द्रगुप्त को आप भूल न गई होंगी !

ध्रुवस्वामिनी : (उत्कण्ठा से) वही न, जो मुझे वंदिनी बनाने के लिए गए थे।

खड्गधारिणी : (दाँतों से जीभ दबाकर) यह आप क्या कह रही हैं? उनको तो स्वयं अपने भीषण भविष्य का पता नहीं। प्रत्येक क्षण उनके प्राणों पर सन्देह करता है। उन्होंने पूछा है कि मेरा क्या अपराध है?

ध्रुवस्वामिनी : (उदासी की मुस्कराहट के साथ) अपराध मैं क्या बताऊँ? तो क्या कुमार भी वन्दी हैं?

खड्गधारिणी : कुछ-कुछ वैसा ही है देवि, राजाधिराज से कहकर क्या आप उनका कुछ उपकार कर सकेंगी?

ध्रुवस्वामिनी : भला मैं क्या कर सकूँगी? मैं तो अपने ही प्राणों का मूल्य नहीं समझ पाती। मुझ पर राजा का कितना अनुग्रह है, यह भी मैं आज तक न जान सकी। मैंने तो कभी उनका सम्भाषण सुना ही नहीं। विलासिनियों के साथ मदिरा में उन्मत्त, उन्हें अपने आनन्द से अवकाश कहाँ!

खड्गधारिणी : तब तो अदृष्ट ही कुमार के जीवन का सहायक होगा। उन्होंने पिता का दिया हुआ स्वत्व और राज्य का अधिकार तो छोड़ ही दिया; इसके साथ अपनी एक अमूल्य निधि भी ...। **(कहते-कहते सहसा रुक जाती है।)**

ध्रुवस्वामिनी : अपनी अमूल्य निधि! वह क्या?

खड्गधारिणी : यह अत्यन्त गुप्त है देवि, किन्तु मैं प्राणों की भीख माँगते हुए कह सकूँगी।

ध्रुवस्वामिनी : (कुछ सोचकर) तो जाने दो, छिपी हुई बातों से मैं घबरा उठी हूँ। हाँ, मैंने उन्हें देखा था, वह निरभ्र प्राची का बाल अरुण! आह! राज-चक्र सबको पीसता है, पिसने दो, हम निःसहायों को और दुर्बलों को पिसने दो!

खड्गधारिणी : देवि, वह वल्लरी जो झरने के समीप पहाड़ी पर चढ़ गई है, उसकी नन्हीं-नन्हीं पत्तियों को ध्यान से देखने पर आप समझ जायेंगी कि वह किस जाति की है। प्राणों की क्षमता बढ़ा लेने पर वही काई जो बिछलन बनकर गिरा सकती थी, अब दूसरों के ऊपर चढ़ने का अवलम्बन बन गई है।

ध्रुवस्वामिनी : (आकाश की ओर देखकर) वह बहुत दूर की बात है। आह, कितनी कठोरता है! मनुष्य के हृदय में देवता को हटाकर राक्षस कहाँ से घुस आता है? कुमार की स्निग्ध, सरल और सुन्दर मूर्ति को देखकर कोई भी प्रेम से पुलकित हो सकता है, किन्तु उन्हीं का भाई? आश्चर्य!

खड्गधारिणी : कुमार को इतने में ही सन्तोष होगा कि उन्हें कोई विश्वासपूर्वक स्मरण कर लेता है। रही अभ्युदय की बात, सो तो उनको अपने बाहुबल और भाग्य पर ही विश्वास है।

ध्रुवस्वामिनी : किन्तु उन्हें कोई ऐसा साहस का काम न करना चाहिए जिसमें उनकी परिस्थिति और भी भयानक हो जाए।

(खड्गधारिणी खड़ी होती है)

अच्छा, तो अब तू जा और अपने मौन संकेत से किसी दासी को यहाँ भेज दे मैं अभी यहाँ बैठना चाहती हूँ।

(खड्गधारिणी नमस्कार करके जाती है और एक दासी का प्रवेश)

दासी : (हाथ जोड़कर) देवी, सांयकाल हो चुका है। वनस्पतियाँ शिथिल होने लगी हैं। देखिए न, व्योम-विहारी पक्षियों का झुण्ड भी अपने नीड़ों में प्रसन्न कोलाहल से लौट रहा है। क्या भीतर चलने की अभी इच्छा नहीं है

ध्रुवस्वामिनी : चलूँगी क्यों नहीं? किन्तु मेरा नीड़ कहाँ? यह तो स्वर्णपिंजर है।

(करुण भाव से उठकर दासी के कंधे पर हाथ रखकर चलने को उद्यत होती है। नेपथ्य में कोलाहल - महादेवी कहाँ हैं? उन्हें कौन बुलाने गई है?)

ध्रुवस्वामिनी : हैं-हैं, यह उतावली कैसी?

प्रतिहारी : (प्रवेश करके ... घबराहट से) भट्टारक इधर आये हैं क्या?

ध्रुवस्वामिनी : (व्यंग्य से मुस्कराते हुए) मेरे अंचल में तो छिपे नहीं हैं। देखो, किसी कुंज में ढूँढ़ो।

प्रतिहारी : (संभ्रम से) अरे महादेवी! क्षमा कीजिए। युद्ध-सम्बन्धी एक आवश्यक संवाद देने के लिए महाराज को खोजती हुई मैं इधर आ गयी हूँ।

ध्रुवस्वामिनी : होंगे कहीं, यहाँ तो नहीं है।

(उदास भाव से दासी के साथ ध्रुवस्वामिनी का प्रस्थान। दूसरी ओर से खड्गधारिणी का पुनः प्रवेश... और कुंज में से अपना उत्तरीय सँभालता रामगुप्त निकलकर एक बार प्रतिहारी की ओर, फिर खड्गधारिणी की ओर देखता है)

प्रतिहारी : जय हो देव! एक चिन्ताजनक समाचार निवेदन करने के लिए अमात्य ने मुझे भेजा है।

रामगुप्त : (झुँझलाकर) चिन्ता करते-करते देखता हूँ कि मुझे मर जाना पड़ेगा। ठहरो, **(खड्गधारिणी से)** हाँ जी, तुमने अपना काम तो अच्छा किया, किन्तु मैं समझ न सका कि चन्द्रगुप्त को वह अब भी प्यार करती है या नहीं?

(खड्गधारिणी प्रतिहारी की ओर देखकर चुप रह जाती है)

रामगुप्त : (प्रतिहारी की ओर क्रोध से देखता हुआ) तुमसे मैंने कह दिया न कि अभी मुझे अवकाश नहीं, ठहर कर आना।

प्रतिहारी : राजाधिराज! शकों ने किसी पहाड़ी राह से उतरकर नीचे का गिरि-पथ रोक लिया है। हम लोगों के शिविर का सम्बन्ध राजपथ से छूट गया है। शकों ने दोनों ही ओर से घेर लिया है।

रामगुप्त : दोनों ओर से घिरा रहने में शिविर और भी सुरक्षित है। मूर्ख! चुप रह... **(खड्गधारिणी से)** तो ध्रुवदेवी, क्या मन-ही-मन चन्द्रगुप्त को... है न मेरा सन्देह ठीक?

प्रतिहारी : (हाथ जोड़कर) अपराध क्षमा हो देव! अमात्य युद्ध परिषद् में आपकी प्रतीक्षा कर रहे हैं।

रामगुप्त : (हृदय पर हाथ रखकर) युद्ध तो यहाँ भी चल रहा है। देखती नहीं, जगत की अनुपम सुन्दरी मुझसे स्नेह नहीं करती और मैं हूँ इस देश का राजाधिराज!

प्रतिहारी : महाराज, शकराज का संदेश लेकर एक दूत भी आया है।

रामगुप्त : आह! किन्तु ध्रुवदेवी! उसके मन में टीस है **(कुछ सोचकर)** जो स्त्री दूसरे के शासन में रहकर और प्रेम किसी अन्य पुरुष से करती है, उसमें एक गम्भीर और व्यापक रस उद्वेलित रहता होगा। वही तो... नहीं, जो चन्द्रगुप्त से प्रेम करेगी वह स्त्री न जाने कब चोट कर बैठे? भीतर-भीतर न जाने कितने कुचक्र घूमने लगेंगे। **(खड्गधारिणी से)** सुना न, ध्रुवदेवी से कह देना चाहिए कि वह मुझे और मुझसे ही प्यार करे। केवल महादेवी बन जाना ठीक नहीं।

(खड्गधारिणी का प्रतिहारी के साथ प्रस्थान और शिखरस्वामी का प्रवेश)

शिखरस्वामी : कुछ आवश्यक बातें कहनी हैं, देव।

रामगुप्त : (चिन्ता से उँगली हिलाते हुए, जैसे अपने आप बातें कर रहा हो) धुवदेवी को लेकर क्या साम्राज्य से भी हाथ धोना पड़ेगा! नहीं, तो फिर (कुछ सोचने लगता है) ठीक, तो सहसा मेरे राजदण्ड ग्रहण कर लेने से पुरोहित, अमात्य और सेनापति लोग छिपा हुआ विद्रोह भाव रखते हैं। (शिखर से) है न! केवल एक तुम्हीं मेरे विश्वासपात्र हो। समझा न! यही गिरि-पथ सब झगड़ों का अन्तिम निर्णय करेगा। क्यों अमात्य, जिसकी भुजाओं में बल न हो, उसके मस्तिष्क में तो कुछ होना चाहिए?

शिखरस्वामी : (एक पत्र लेकर) पहले इसे पढ़ लीजिए! (रामगुप्त पत्र पढ़ते-पढ़ते आश्चर्य से चौंक उठता है)। चौंकिए मत, यह घटना इतनी आकस्मिक है कि कुछ सोचने का अवसर नहीं मिलता।

रामगुप्त : (ठहरकर) है तो ऐसा ही; किन्तु एक बार ही मेरे प्रतिकूल भी नहीं। मुझे इसकी सम्भावना पहले से भी थी।

शिखरस्वामी : (आश्चर्य से) ऐं? तब तो महाराज ने अवश्य ही कुछ सोच लिया होगा। मेघ-संकुल आकाश की तरह जिसका भविष्य घिरा हो, उसकी बुद्धि को तो बिजली के समान चमकना ही चाहिए।

रामगुप्त : (संशक) कह दूँ! सोचा तो है मैंने, परन्तु क्या तुम उसका समर्थन करोगे?

शिखरस्वामी : यदि नीति-युक्त हुआ तो अवश्य समर्थन करूँगा। सबके विरुद्ध रहने पर भी स्वर्गीय आर्य समुद्रगुप्त की आज्ञा के प्रतिकूल मैंने ही आपका समर्थन किया था। नीति-सिद्धान्त के आधार पर ज्येष्ठ राजपुत्र को...।

रामगुप्त : (बात काटकर) वह तो... मैं जानता हूँ; किन्तु इस समय जो प्रश्न सामने आ गया है उस पर विचार करना चाहिए। यह तुम जानते हो कि मेरी इस विजय-यात्रा का कोई गुप्त उद्देश्य है। उसकी सफलता भी सामने दिखाई पड़ रही है। हाँ, थोड़ा-सा साहस चाहिए।

शिखरस्वामी : वह क्या?

रामगुप्त : शक-दूत सन्धि के लिए जो प्रमाण चाहता हो, उसे अस्वीकार न करना चाहिए। ऐसा करने में इस संकट के बहाने जितनी विरोधी प्रकृति हैं, उस सबको हम लोग सहज ही हटा सकेंगे।

शिखरस्वामी : भविष्य के लिए यह चाहे अच्छा हो, किन्तु इस समय तो हमको बहुत-से विघ्नों का सामना करना पड़ेगा।

रामगुप्त : (हँसकर) तुम... तुम्हारी बुद्धि कब काम में आवेगी और हाँ, चन्द्रगुप्त के मनोभाव का कुछ पता लगा?

शिखरस्वामी : कोई नई बात तो नहीं।

रामगुप्त : मैं देखता हूँ कि मुझे पहले अपने अन्तःपुर के ही विद्रोह का दमन करना होगा। (निःश्वास लेकर) धुवदेवी के हृदय में चन्द्रगुप्त की आकांक्षा धीरे-धीरे जाग रही है।

शिखरस्वामी : यह असम्भव नहीं, किन्तु महाराज! इस समय आपको दूत से साक्षात् करके उपस्थित राजनीति पर ध्यान देना चाहिए। यह एक विचित्र बात है कि प्रबल पक्ष सन्धि के लिए सन्देश भेजे।

रामगुप्त : विचित्र हो चाहे सचित्र अमात्य, तुम्हारी राजनीतिज्ञता इसी में है, भीतर और बाहर के सब शत्रु एक ही चाल में परास्त हों। तो चलो!

(दोनों का प्रस्थान। मन्दाकिनी का सशंक भाव से प्रवेश)

मन्दाकिनी : (चारों ओर देखकर) भयानक समस्या है। मूर्खों ने स्वार्थ के लिए साम्राज्य के गौरव का सर्वनाश करने का निश्चय कर लिया है। सच है, वीरता जब भागती है, तब उसके पैरों से राजनीतिक छलछन्द की धूल उड़ती है। **(कुछ सोचकर)** कुमार चन्द्रगुप्त को यह सब समाचार शीघ्र ही मिलना चाहिए। गूँगी के अभिनय में महादेवी के हृदय का आवरण तनिक-सा हटा है, किन्तु वह थोड़ा-सा स्निग्ध भाव भी कुमार के लिए कम महत्त्व नहीं रखता। कुमार चन्द्रगुप्त! कितना समर्पण का भाव है उसमें और उसका बड़ा भाई रामगुप्त! कपटाचारी रामगुप्त। जी करता है, इस कुलषित वातावरण से कहीं दूर, विस्मृत में अपने को छिपा लूँ। पर मन्दा! तुझे विधाता ने क्यों बनाया **(सोचने लगती है)** नहीं, मुझे हृदय कठोर करके अपना कर्त्तव्य करने के लिए यहाँ रुकना होगा। न्याय का दुर्बल पक्ष ग्रहण करना होगा।

(गाती है)

यह कसक अरे आँसू सह जा।
बनकर विनम्र अभिमान मुझे
मेरा अस्तित्व बता, रह जा।
बन प्रेम छलक कोने-कोने
अपनी नीरव गाथा कह जा
करुणा बन दुखिया वसुधा पर
शीतलता फैलाता बह जा।

(जाती है। ध्रुवस्वामिनी का उदास भाव से धीरे-धीरे प्रवेश। पीछे एक परिचारिका पान का डिब्बा और दूसरी चमर लिये आती है। ध्रुवस्वामिनी एक मेज पर बैठकर अक्षरों पर उँगली रखकर कुछ सोचने लगती है और चमरशधरिणी चमर चलाने लगती है।)

ध्रुवस्वामिनी : (दूसरी परिचारिका से) हाँ, क्या कहा, शिखरस्वामी कुछ कहना चाहते हैं? कह दो, कल सुनूँगी, आज नहीं।

परिचारिका : जैसी आज्ञा। तो मैं कह आऊँ कि अमात्य से कल महादेवी बातें करेंगी?

ध्रुवस्वामिनी : (कुछ सोचकर) ठहरो तो, वह गुप्त साम्राज्य का अमात्य है, उससे आज ही भेंट करना होगा। हाँ, यह तो बताओ, तुम्हारे राजकुल में नियम क्या है? पहले अमात्य की मंत्रणा सुननी पड़ती है, तब राजा से भेंट होती है?

परिचारिका : (दाँतों से जीभ दबाकर) ऐसा नियम तो मैंने नहीं सुना। यह युद्ध-शिविर है न! परम भट्टारक को अवसर न मिला होगा। महादेवी! आपको सन्देह न करना चाहिए।

ध्रुवस्वामिनी : मैं महादेवी ही हूँ न? यदि यह सत्य है तो क्या तुम मेरी आज्ञा से कुमार चन्द्रगुप्त को यहाँ बुला सकती हो? मैं चाहती हूँ कि अमात्य के साथ ही कुमार से भी कुछ बातें कर लूँ।

परिचारिका : क्षमा कीजिए, इसके लिए तो पहले अमात्य से पूछना होगा।

(ध्रुवस्वामिनी क्रोध से उसकी ओर देखने लगती है और वह पान का डिब्बा रखकर चली जाती है। एक बौने का कुबड़े और हिजड़े के साथ प्रवेश)

कुबड़ा : युद्ध! भयानक युद्ध!!

बौना : हो रहा है, कि कहीं होगा मित्र!

हिजड़ा : बहनो, यहीं युद्ध करके दिखाओ न! महादेवी भी देख लें।

बौना : (कुबड़े से) सुनता है रे! तू अपना हिमाचल इधर कर दे - मैं दिग्विजय करने के लिए कुबेर पर चढ़ाई करूँगा।

(उसकी कूबड़ को दबाता है और कुबड़ा अपने घुटनों और हाथों के बल बैठ जाता है। हिजड़ा कुबड़े की पीठ पर बैठता है। बौना एक मोर्छल लेकर तलवार की तरह उसे घुमाने लगता है।)

हिजड़ा : अरे! यह तो मैं हूँ नल-कूबर की वध! दिग्विजयी वीर, क्या तुम स्त्री से युद्ध करोगे? लौट जाओ, कल आना। मेरे श्वसुर और आर्यपुत्र दोनों ही उर्वशी और रम्भा के अभिसार से अभी नहीं आए। कुछ आज ही तो युद्ध करने का शुभ मुहूर्त नहीं है।

बौना : (मोर्छल से पटा घुमाता हुआ) नहीं, आज ही युद्ध होगा। तुम स्त्री नहीं हो, तुम्हारी उँगलियाँ तो मेरी तलवार से अधिक चल रही हैं। कूबड़ तुम्हारे नीचे है तब मैं कैसे मान लूँ कि तुम न तो नल-कूबड़ हो और न कुबेर! तुम्हारे वस्त्रों से मैं धोखा न खाऊँगा। तुम पुरुष हो, युद्ध करो।

हिजड़ा : (उसी तरह मटकते हुए) अरे, मैं स्त्री हूँ। बहनो, कोई मुझसे ब्याह भले कर सकता है, लड़ाई मैं क्या जानूँ?

(दासी के साथ शिखरस्वामी का प्रवेश)

शिखर-स्वामी : महादेवी की जय हो!

(दूसरी ओर से युवती दासी के कन्धे का सहारा लिए कुछ-कुछ मदिरा के नशे में रामगुप्त का प्रवेश। मुस्कराता हुआ बौने का खेल देखने लगता है। ध्रुवस्वामिनी उठकर खड़ी हो जाती है और शिखरस्वामी रामगुप्त को संकेत करता है।)

रामगुप्त : (कुछ भर्राये हुए कण्ठ से) महादेवी की जय हो।

ध्रुवस्वामिनी : स्वागत महाराज!

रामगुप्त एक मंच पर बैठ जाता है और शिखरस्वामी ध्रुवस्वामिनी के इस उदासीन शिष्टाचार से चकित होकर सिर खुजलाने लगता है)

कुबड़ा : दोहाई राजाधिराज की! हिमाचल का कूबड़ दुखने लग॥। न तो यह नल-कूबड़ की बहू मेरे कूबड़ से उठती है और न तो यह बौना मुझे विजय ही कर लेता है।

रामगुप्त : (हँसते हुए) वाह रे वामन वीर! यहाँ दिग्विजय का नाटक खेला जा रहा था क्या?

बौना : (अकड़कर) वामन के बलि-विजय की गाथा और तीन पगों की महिमा सब लोग जानते हैं। मैं तीन लात में इसका कूबड़ सीधा कर सकता हूँ।

कुबड़ा : लगा दे भाई बौने। फिर यह अचल हेमकूट बनना तो छूट जाय!

हिजड़ा : देखो जी, मैं नल-कूबर की वधू इस पर बैठी हूँ।

बौना : झूठ! युद्ध के डर से पुरुष होकर भी यह स्त्री बन गया है।

हिजड़ा : मैं तो पहले ही कह चुकी कि मैं युद्ध करना नहीं जानती।

बौना : तुम नल-कूबर की स्त्री हो न, तो अपनी विजय का उपहार समझकर मैं तुम्हारा हरण कर लूँगा। **(और लोगों की ओर देखकर उसका हाथ पकड़ कर खींचता हुआ)** ठीक होगा न? कदाचित् यह धर्म के विरुद्ध न होगा!

(रामगुप्त ठठाकर हँसने लगता है)

ध्रुवस्वामिनी : (क्रोध से अकड़कर) निकालो! अभी निकालो, यहाँ ऐसी निर्लज्जता का नाटक मैं नहीं देखना चाहती। (शिखरस्वामी की ओर भी सक्रोध देखती है, शिखर के संकेत करने पर वे भाग जाते हैं।)

रामगुप्त : अरे, ओ दिग्विजयी! सुन तो (उठकर ताली पीटता हुआ हँसने लगता है। ध्रुवस्वामिनी क्षोभ और घृणा से मुँह फिरा लेती है। शिखरस्वामी के संकेत से दासी मदिरा का पात्र ले आती है, उसे देखकर प्रसन्नता से आँखें फाड़कर शिखर की ओर अपना हाथ बढ़ा देता है) अमात्य, आज ही महादेवी के पास मैं आया और आप भी पहुँच गये, यह एक विलक्षण घटना है। है न **(पात्र लेकर पीता है)**

शिखरस्वामी : देव, मैं इस समय एक आवश्यक कार्य से आया हूँ।

रामगुप्त : ओह! मैं तो भूल ही गया था! वह बर्बर शकराज क्या चाहता है? मैं आक्रमण न करूँ, इतना ही तो? जाने दो, युद्ध कोई अच्छी बात तो नहीं!

शिखरस्वामी : वह और भी कुछ चाहता है।

रामगुप्त : क्या कुछ सहायता भी माँग रहा है?

शिखरस्वामी : **(सिर झुकाकर गम्भीरता से)** नहीं देव, वह बहुत ही असंगत और अशिष्ट याचना कर रहा है।

रामगुप्त : क्या? कुछ कहो भी।

शिखरस्वामी : क्षमा हो महाराज! दूत तो अवध्य होता ही है; इसलिए उसका सन्देश सुनना ही पड़ा। वह कहता था कि शकराज से महादेवी ध्रुवस्वामिनी का... रुककर ध्रुवस्वामिनी की ओर देखने लगता है। ध्रुवस्वामिनी सिर हिलाकर कहने की आज्ञा देती है।) विवाह-सम्बन्ध स्थिर हो चुका था। बीच में ही आर्य समुद्रगुप्त की विजय-यात्रा में महादेवी के पिताजी ने उपहार में उन्हें गुप्तकुल में भेज दिया, इसलिए महादेवी को वह...।

रामगुप्त : ऐं, क्या कहते हो? अमात्य, क्या वह महादेवी को माँगता है?

शिखर-स्वामी : हाँ देव! साथ ही वह अपने सामन्तों के लिए भी मगध के सामन्तों की स्त्रियों को माँगता है।

रामगुप्त : **(श्वास लेकर)** ठीक ही है, जब उसके पास सामन्त हैं, तब उन लोगों के लिए भी स्त्रियाँ चाहिए। हाँ, क्या यह सच है कि महादेवी के पिता ने पहले शकराज से इनका सम्बन्ध स्थिर कर लिया था?

शिखर-स्वामी : यह तो मुझे नहीं मालूम। **(ध्रुवस्वामिनी रोष से फूलती हुई टहलने लगती है।)**

रामगुप्त : महादेवी, अमात्य क्या पूछ रहे हैं?

ध्रुवस्वामिनी : इस प्रथम सम्भाषण के लिए मैं कृतज्ञ हुई महाराज! किन्तु मैं भी यह जानना चाहती हूँ कि गुप्त साम्राज्य क्या स्त्री-सम्प्रदान से ही बढ़ा है?

रामगुप्त : **(झेंपकर हँसता हुआ)** हें-हें-हें, बताइए अमात्य जी!

शिखरस्वामी : मैं क्या कहूँ? शत्रु-पक्ष का यही सन्धि-सन्देश है। यदि स्वीकार न हो तो युद्ध कीजिए। शिविर दोनों ओर से घिर गया है। उसकी बातें मानिए, या मरकर भी अपनी कुलमर्यादा की रक्षा कीजिए। दूसरा कोई उपाय नहीं।

रामगुप्त : **(चौंककर)** क्या प्राण देने के अतिरिक्त दूसरा कोई उपाय नहीं? ऊँ-हूँ तब तो महादेवी से पूछिए।

ध्रुवस्वामिनी : **(तीव्र स्वर से)** और आप लोग कुबड़ों, बौनों और नपुंसकों का नृत्य देखेंगे। मैं जानना चाहती हूँ कि किसने सुख-दुःख में मेरा साथ न छोड़ने की प्रतिज्ञा अग्निवेदी के सामने की है?

रामगुप्त : (चारों ओर देखकर) किसने की है, कोई बोलता क्यों नहीं

ध्रुवस्वामिनी : तो क्या मैं राजाधिराज रामगुप्त की महादेवी नहीं हूँ

रामगुप्त : क्यों नहीं? परन्तु रामगुप्त ने ऐसी कोई प्रतिज्ञा न की होगी। मैं तो उस दिन द्राक्षासव-सर में डुबकी लगा रहा था। पुरोहितों ने न जाने क्या-क्या पढ़ा दिया होगा। उन सब बातों का बोझ मेरे सिर पर! **(सिर हिलाकर)** कदापि नहीं।

ध्रुवस्वामिनी : (निस्सहाय होकर दीनता से शिखरस्वामी के प्रति) यह तो हुई राजा की व्यवस्था, अब सुनूँ मन्त्री महोदय क्या कहते हैं!

शिखरस्वामी : मैं कहूँगा देवि, अवसर देखकर राज्य की रक्षा करने वाली उचित सम्मति देना ही तो मेरा कर्तव्य है। राजनीति के सिद्धान्त में राष्ट्र की रक्षा सब उपायों से करने का आदेश है। उसके लिए राजा, रानी, कुमार और अमात्य सबका विसर्जन किया जा सकता है; किन्तु राज विसर्जन अन्तिम उपाय है।

रामगुप्त : (प्रसन्नता से) वाह! क्या कहा तुमने! तभी तो लोग तुम्हें नीतिशास्त्र का बृहस्पति समझते हैं।

ध्रुवस्वामिनी : अमात्य, तुम बृहस्पति हो चाहे शुक्र, किन्तु, धूर्त होने से ही क्या मनुष्य भूल नहीं सकता? आर्य समुद्रगुप्त के पुत्र को पहचानने में तुमने भूल तो नहीं की। सिंहासन पर भ्रम से किसी दूसरे को तो नहीं बैठा दिया?

रामगुप्त : (आश्चर्य से) क्या क्या? क्या?

ध्रुवस्वामिनी : कुछ नहीं, मैं केवल यही कहना चाहती हूँ कि पुरुषों ने स्त्रियों को अपनी पशु-सम्पत्ति समझकर उन पर अत्याचार करने का अभ्यास बना लिया है। वह मेरे साथ नहीं चल सकता। यदि तुम मेरी रक्षा नहीं कर सकते, अपने कुल की मर्यादा, नारी का गौरव नहीं बचा सकते, तो मुझे बेच भी नहीं सकते हो। हाँ, तुम लोगों को आपत्ति से बचाने के लिए मैं स्वयं यहाँ से चली जाऊँगी।

शिखरस्वामी : (मुँह बनाकर) उँह, राजनीति में ऐसी बातों को स्थान नहीं। जब तक नियमों के अनुकूल सन्धि का पूर्ण रूप से पालन न किया जाय, तब तक सन्धि का कोई अर्थ ही नहीं।

ध्रुवस्वामिनी : देखती हूँ कि इस राष्ट्र-रक्षा-यज्ञ में रानी की बलि होगी ही।

शिखरस्वामी : दूसरा कोई उपाय नहीं।

ध्रुवस्वामिनी : (क्रोध से पैर पटककर) उपाय नहीं, तो न हो, निर्लज्ज अमात्य! फिर ऐसा प्रस्ताव मैं सुनना नहीं चाहती।

रामगुप्त : (चौंककर) इस छोटी-सी बात के लिए इतना बड़ा उपद्रव! (दासी की ओर देखकर) मेरा तो कण्ठ सूखने लगा।

(वह मदिरा देती है)

ध्रुवस्वामिनी : (दृढ़ता से) अच्छा, तो अब मैं चाहती हूँ कि अमात्य अपने मन्त्रणा-गृह में जाएँ। मैं केवल रानी ही नहीं, किन्तु स्त्री भी हूँ; मुझे अपने को पति कहलाने वाले पुरुष से कुछ कहना है, राजा से नहीं।

(शिखरस्वामी का दासियों के साथ प्रस्थान)

रामगुप्त : ठहरो जी, मैं भी चलता हूँ (उठना चाहता है। ध्रुवस्वामिनी उसका हाथ पकड़कर रोक लेती है।) तुम मुझसे क्या कहना चाहती हो?

ध्रुवस्वामिनी : (ठहरकर) अकेले यहाँ भय लगता है क्या? बैठिए, सुनिए। मेरे पिता ने

उपहारस्वरूप कन्यादान किया था। किन्तु गुप्त सम्राट क्या अपनी पत्नी शत्रु को उपहार में देंगे **(घुटने के बल बैठकर)** ? देखिए, मेरी ओर देखिए। मेरा स्त्रीत्व क्या इतने का भी अधिकारी नहीं कि अपने को स्वामी समझने वाला पुरुष उसके लिए प्राणों का पण लगा सके?

रामगुप्त : (उसे देखता हुआ) तुम सुन्दर हो, ओह, कितनी सुन्दर; किन्तु सोने की कटार पर मुग्ध होकर उसे कोई अपने हृदय में डुबा नहीं सकता। तुम्हारी सुन्दरता - तुम्हारा नारीत्व - अमूल्य हो सकता है। फिर भी अपने लिए मैं स्वयं कितना आवश्यक हूँ, कदाचित् तुम यह नहीं जानती हो।

ध्रुवस्वामिनी : (उसके पैरों को पकड़कर) मैं गुप्त-कुल की वधू होकर इस राजपरिवार में आई हूँ इसी विश्वास पर...।

रामगुप्त : (उसे रोककर) वह सब मैं नहीं सुनना चाहता।

ध्रुवस्वामिनी : मेरी रक्षा करो। मेरे और अपने गौरव की रक्षा करो। राजा, आज मैं शरण की प्रार्थिनी हूँ। मैं स्वीकार करती हूँ कि आज तक मैं तुम्हारे विलास की सहचरी नहीं हुई, किन्तु वह मेरा अहंकार चूर्ण हो गया है। मैं तुम्हारी होकर रहूँगी। राज्य और सम्पत्ति रहने पर राजा को - पुरुष को बहुत-सी रानियाँ और स्त्रियाँ मिलती हैं, किन्तु व्यक्ति का मान नष्ट होने पर फिर नहीं मिलता।

रामगुप्त : (घबराकर उसका हाथ हटाता हुआ) ओह, तुम्हारा यह घातक स्पर्श बहुत ही उत्तेजनापूर्ण है। मैं, नहीं। तुम, मेरी रानी! नहीं, नहीं। जाओ, तुमको जाना पड़ेगा। तुम उपहार की वस्तु हो। आज मैं तुम्हें किसी दूसरे को देना चाहता हूँ। इसमें तुम्हें क्यों आपत्ति हो?

ध्रुवस्वामिनी : (खड़ी होकर रोष से) निर्लज्ज! मद्यप!! क्लीव!!! ओह, तो मेरा कोई रक्षक नहीं **(ठहरकर)** नहीं, मैं अपनी रक्षा स्वयं करूँगी। मैं उपहार में देने की वस्तु, शीतलमणि नहीं हूँ। मुझमें रक्त की तरल लालिमा है। मेरा हृदय ऊष्ण है और उसमें आत्मसम्मान की ज्योति है। उसकी रक्षा मैं ही करूँगी **(रशना से कृपाण निकाल लेती है)।**

रामगुप्त : (भयभीत होकर पीछे हटता हुआ) तो क्या तुम मेरी हत्या करोगी?

ध्रुवस्वामिनी : तुम्हारी हत्या नहीं, तुम जियो। भेड़ की तरह तुम्हारा क्षुद्र जीवन! उसे न लूँगी! मैं अपना ही जीवन समाप्त करूँगी।

रामगुप्त : किन्तु तुम्हारे मर जाने पर उस बर्बर शकराज के पास किसको भेजा जाएगा? नहीं, नहीं, ऐसा न करो। हत्या! हत्या!! दौड़ो...। दौड़ो!! **(भागता हुआ निकल जाता है। दूसरी ओर से वेग सहित चन्द्रगुप्त का प्रवेश)**

चन्द्रगुप्त : हत्या! कैसी हत्या!! **(ध्रुवस्वामिनी को देखकर)** यह क्या? महादेवी, ठरिए!

ध्रुवस्वामिनी : कुमार, इसी समय तुम्हें भी आना था! **(सकरुण देखती हुई)** मैं प्रार्थना करती हूँ कि तुम यहाँ से चले जाओ! मुझे अपने अपमान में निर्वसन-नग्न देखने का किसी पुरुष को अधिकार नहीं। मुझे मृत्यु की चादर से अपने को ढँक लेने दो।

चन्द्रगुप्त : किन्तु क्या कारण सुनने का मैं अधिकारी नहीं हूँ?

ध्रुवस्वामिनी : सुनोगे? **(ठहरकर सोचती हुई)** नहीं, अभी आत्महत्या नहीं करूँगी। जब तुम आ गए हो तो थोड़ा ठहरूँगी। यह तीखी छुरी इस अतृप्त हृदय में, विकासोन्मुख कुसुम में विषैले कीट के डंक की तरह चुभा दूँ या नहीं, इस पर विचार करूँगी। यदि नहीं तो मेरी दुर्दशा का पुरस्कार क्या कुछ और है? हाँ, जीवन के लिए कृतज्ञ, उपकृत और आभारी होकर किसी के अभिमानपूर्ण आत्म-विज्ञापन का भार ढोती रहूँ! यही क्या विधाता का निष्ठर विधान है? छुटकारा नहीं। जीवन नियति के कठोर आदेश पर चलेगा ही। तो क्या यह मेरा जीवन भी अपना नहीं है?

चन्द्रगुप्त : देवि, जीवन विश्व की सम्पत्ति है। प्रमाद से, क्षणिक आवेश से, या दुःख की कठिनाइयों

से उसे नष्ट करना ठीक तो नहीं। गुप्त-कुल लक्ष्मी आज यह छिन्नमस्ता का अवतार किसलिए धारण करना चाहती है, सुनूँ भी?

ध्रुवस्वामिनी : नहीं, मैं मरूँगी नहीं! क्योंकि तुम आ गये हो। मेरी शिविका के साथ चामर-सज्जित अश्व पर चढ़कर तुम्हीं उस दिन आए थे। तुम्हारा विश्वासपूर्ण मुखमण्डल मेरे साथ आने में क्यों इतना प्रसन्न था?

चन्द्रगुप्त : मैं गुप्त-कुल-वधू को आदर सहित ले आने के लिए गया था, फिर प्रसन्न क्यों न होता?

ध्रुवस्वामिनी : तो फिर आज मुझे शक-शिविर में पहुँचाने के लिए उसी प्रकार तुमको मेरे साथ चलना होगा। **(आँखों से आँसू पोंछती है!)**

चन्द्रगुप्त : **(आश्चर्य से)** यह कैसा परिहास!

ध्रुवस्वामिनी : कुमार! यह परिहास नहीं, राजा की आज्ञा है। शकराज को मेरी अत्यन्त आवश्यकता है। यह अवरोध, बिना मेरा उपहार दिए नहीं हट सकता।

चन्द्रगुप्त : **(आवेश से)** यह नहीं हो सकता। महादेवी! जिस मर्यादा के लिए-जिस महत्त्व को स्थिर रखने के लिए मैंने राजदण्ड ग्रहण न करके अपना मिला हुआ अधिकार छोड़ दिया, उसका यह अपमान! मेरे जीवित रहते आर्य समुद्रगुप्त के स्वर्गीय गर्व को इस तरह पद-दलित होना न पड़ेगा। **(ठहरकर)** और भी एक बात है। मेरे हृदय के अन्धकार में प्रथम किरण-सी आकर जिसने अज्ञातभाव से अपना मधुर आलोक ढाल दिया था, उसको भी मैंने केवल इसीलिए भूलने का प्रयत्न किया कि... **(सहसा चुप हो जाता है।)**

ध्रुवस्वामिनी : **(आँख बन्द किए हुए कुतूहल-भरी प्रसन्नता से)** हाँ-हाँ, कहो-कहो।

(शिखरस्वामी के साथ रामगुप्त का प्रवेश)

रामगुप्त : देखो तो कुमार! यह भी कोई बात है! आत्महत्या कितना बड़ा अपराध है!

चन्द्रगुप्त : और आप से तो वह भी करते नहीं बनता।

रामगुप्त : **(शिखरस्वामी से)** देखो, कुमार के मन में छिपा हुआ कलुष कितना... कितना... भयानक है?

शिखरस्वामी : कुमार, विनय गुप्त-कुल का सर्वोत्तम गृह-विधान है, उसे न भूलना चाहिए!

चन्द्रगुप्त : **(व्यंग्य से हँसकर)** अमात्य, तभी तो तुमने व्यवस्था दी है कि महादेवी को देकर भी सन्धि की जाय! क्यों, यही तो विनय की पराकाष्ठा है! ऐसा विनय प्रवञ्चकों का आवरण है, जिसमें शील न हो। और शील परस्पर सम्मान की घोषणा करता है। कापुरुष! आर्य समुद्रगुप्त का सम्मान...

शिखरस्वामी : **(बीच में बात काटकर)** उसके लिए मुझे प्राणदण्ड दिया जाए! मैं उसे अविचल भाव से ग्रहण करूँगा; परन्तु राजा और राष्ट्र की रक्षा होनी चाहिए।

मन्दाकिनी : **(प्रवेश करके)** राजा अपने राष्ट्र की रक्षा करने में असमर्थ है, तब भी उस राजा की रक्षा होनी ही चाहिए। अमात्य, यह कैसी विवशता है! तुम मृत्युदण्ड के लिए उत्सुक! महादेवी आत्महत्या करने के लिए प्रस्तुत! फिर यह हिचक क्यों? एक बार अन्तिम बल से परीक्षा कर देखो! बचोगे तो राष्ट्र और सम्मान भी बचेगा, नहीं तो सर्वनाश!

चन्द्रगुप्त : आह मन्दा! भला तू कहाँ से यह उल्लास-भरी बात कहने के लिए आ गई? ठीक तो है अमात्य! सुनो, यह स्त्री क्या कह रही है

रामगुप्त : **(अपने हाथों को मसलते हुए)** दुरभिसन्धि, छल, मेरे प्राण लेने का कौशल!

चन्द्रगुप्त : तब आओ, हम लोग स्त्री बन जाएँ और बैठकर रोएँ।

हिजड़ा : (प्रवेश करके) कुमार, स्त्री बनना सहज नहीं है! कुछ दिनों तक मुझसे सीखना होगा। **(सबका मुँह देखता है और शिखरस्वामी के मुँह पर हाथ फेरता है)** उहूँ, तुम नहीं बन सकते! तुम्हारे ऊपर बड़ा कठोर आवरण है। **(कुमार के समीप जाकर)** कुमार! मैं शपथ खाकर कह सकती हूँ कि यदि मैं अपने हाथों से सजा दूँ तो आपको देखकर महादेवी को भ्रम हो जाए।

(चन्द्रगुप्त उसका कान पकड़कर बाहर कर देता है)

धुवस्वामिनी : उसे छोड़ दो, कुमार! यहाँ पर एक वही नपुंसक तो नहीं है। बहुत-से लोगों में किसको-किसको निकालोगे?

(चन्द्रगुप्त उसे छोड़कर चिन्तित-सा टहलने लगता है और शिखरस्वामी रामगुप्त के कानों में कुछ कहता है)

चन्द्रगुप्त : **(सहसा खड़े होकर)** अमात्य, तो तुम्हारी ही बात रही। हाँ, उसमें तुम्हारे सहयोगी हिजड़े की भी सम्मति मुझे अच्छी लगी। मैं धुवस्वामिनी बनकर अन्य सामन्त कुमारों के साथ शकराज के पास जाऊँगा। अगर सफल हुआ तब तो कोई बात ही नहीं, अन्यथा मेरी मृत्यु के बाद तुम लोग जैसा उचित समझना, वैसा करना।

धुवस्वामिनी : **(चन्द्रगुप्त को अपनी भुजाओं में पकड़कर)** नहीं, मैं तुमको न जाने दूँगी। मेरे क्षुद्र, दुर्बल नारी-जीवन का सम्मान बचाने के लिए इतने बड़े बलिदान की आवश्यकता नहीं।

रामगुप्त : **(आश्चर्य और क्रोध से)** छोड़ो-छोड़ो, यह कैसा अनर्थ! सबके सामने यह कैसी निर्लज्जता!

धुवस्वामिनी : **(चन्द्रगुप्त को छोड़ती हुई... जैसे चैतन्य होकर)** यह पाप है। जो मेरे लिए अपनी बलि दे सकता हो, जो मेरे स्नेह... **(ठहरकर)** अथवा इससे क्या? शकराज क्या मुझे देवी बनाकर भक्ति-भाव से मेरी पूजा करेगा? वाह रे लज्जाशील पुरुष!

(शिखरस्वामी फिर रामगुप्त के कानों में कुछ कहता है। रामगुप्त स्वीकारसूचक सिर हिलाता है)

शिखरस्वामी : राजाधिराज! आज्ञा दीजिए, यही एक उपाय है जिसे कुमार बता रहे हैं। किन्तु राजनीति की दृष्टि से महादेवी का भी वहाँ जाना आवश्यक है।

चन्द्रगुप्त : **(क्रोध से)** क्यों आवश्यक है! यदि उन्हें जाना ही पड़ा, तो फिर मेरे जाने से क्या लाभ तब मैं न जाऊँगा।

रामगुप्त : नहीं, यह मेरी आज्ञा है। सामन्त कुमारों के साथ जाने के लिए प्रस्तुत हो जाओ।

धुवस्वामिनी : तो कुमार! हम लोगों का चलना निश्चित ही है। अब इसमें विलम्ब की आवश्यकता नहीं।

(चन्द्रगुप्त का प्रस्थान। धुवस्वामिनी मंच पर बैठकर रोने लगती है)

रामगुप्त : अब यह कैसा अभिनय! मुझे तो पहले से ही शंका थी और आज तो तुमने मेरी आँखें खोल दी।

धुवस्वामिनी : अनार्य! निष्ठर! मुझे कलंक-कालिमा के कारागर में बन्द कर, मर्म-वाक्य के धुएँ से दम घोंटकर मार डालने की आशा न करो। आज मेरी असहायता मुझे अमृत पिलाकर मेरा निर्लज्ज जीवन बढ़ाने के लिए तत्पर है। **(उठकर, हाथ से निकल जाने का संकेत करते हुए)** जाओ, मैं एकान्त चाहती हूँ।

(शिखरस्वामी के साथ रामगुप्त का प्रस्थान)

ध्रुवस्वामिनी : कितना अनुभूतिपूर्ण था वह एक क्षण का आलिंगन। कितने सन्तोष से भरा था! नियति ने अज्ञात भाव से मानो लू से तपी हुई वसुधा को क्षितिज के निर्जन में सायंकालीन शीतल आकाश से मिला दिया हो। **(ठहरकर)** जिस आयुविहीन प्रदेश में उखड़ी हुई साँसों पर बन्धन हो - अर्गला हो, वहाँ रहते-रहते यह जीवन असह्य हो गया था। तो भी मरूँगी नहीं। संसार के कुछ दिन विधाता के विधान में अपने लिए सुरक्षित करा लूँगी। कुमार! तुमने वही किया, जिसे मैं बचाती रही। तुम्हारे उपकार और स्नेह की वर्षा से मैं भीगी जा रही हूँ। ओह, **(हृदय पर उँगली रखकर)** इस वक्षस्थल में दो हृदय हैं क्या? अब अन्तरंग 'हाँ' करना चाहता है, जब ऊपरी मन 'ना' क्यों कह देता है?

चन्द्रगुप्त : **(प्रवेश करके)** महादेवी, हम लोग प्रस्तुत हैं, किन्तु ध्रुवस्वामिनी के साथ शक-शिविर में जाने के लिए हम लोग सहमत नहीं।

ध्रुवस्वामिनी : **(हँसकर)** राजा की आज्ञा मान लेना ही पर्याप्त नहीं। रानी की भी एक बात न मानोगे? मैंने तो पहले ही कुमार से प्रार्थना की थी कि मुझे जैसे ले आए हो उसी तरह पहुँचा भी दो।

चन्द्रगुप्त : नहीं - मैं अकेले ही जाऊँगा।

ध्रुवस्वामिनी : कुमार! यह मृत्यु और निर्वासन का सुख तुम अकेले ही लोगे, ऐसा नहीं हो सकता। राजा की इच्छा क्या है, यह जानते हो? मुझसे और तुमसे एक साथ ही छुटकारा! तो फिर वही क्यों न हो हम दोनों ही चलेंगे। मृत्यु के गह्वर में प्रवेश करने के समय मैं भी तुम्हारी ज्योति बनकर बुझ जाने की कामना रखती हूँ। और भी एक विनोद, प्रलय का परिहास, देख सकूँगी। मेरे सहचरी! तुम्हारा वह ध्रुवस्वामिनी का वेश ध्रुवस्वामिनी ही न देखे तो किस काम का?

(दोनों हाथों से चन्द्रगुप्त का चिबुक पकड़ कर सकरुण देखती है।)

चन्द्रगुप्त : **(अधखुली आँखों से देखता हुआ)** तो फिर चलो।

(सामंतकुमारों के आगे-आगे मंदाकिनी का गंभीर-स्वर में गाते हुए प्रवेश)

> पैरों के नीचे जलधर हों, बिजली से उनका खेल चले।
> संकीर्ण कगारों के नीचे, शत-शत झरने बेमेल चलें ॥
>
> सन्नाटे में हो विकल पवन, पादप निज पद हों चूम रहे।
> तब भी गिरि पथ का अथक पथिक, ऊपर ऊँचे सब झेल चले ॥
>
> पृथ्वी की आँखों में बनकर, छाया का पुतला बढ़ता हो।
> सूने तम में हो ज्योति बना, अपनी प्रतिमा को गढ़ता हो ॥
>
> पीड़ा की धूल उड़ाता-सा, बाधाओं को ठुकराता-सा।
> कष्टों पर कुछ मुसक्याता-सा, ऊपर ऊँचे सब झेल चले ॥
>
> खिलते हों क्षत के फूल वहाँ, बन व्यथा तमिस्रा के तारे।
> पद-पद पर ताण्डव नर्तक हों, स्वर सप्तक होवें लय सारे ॥
>
> भैरव रव से हो व्याप्त दिशा, हो काँप रही भय-चकित निशा।
> हो स्वेद धार बहती कपिशा, ऊपर ऊँचे सब झेल चले ॥
>
> पिघलित हो अचल न गौन रहे, निष्ठुर श्रृंगार उतरता हो।
> क्रन्दन कम्पन न पुकार बने, निज साहस पर निर्भरता हो ॥
>
> अपनी ज्वाला को आप पिये, नव नील कण्ठ की छाप लिये।
> विश्राम शांति को शाप दिए, ऊपर ऊँचे सब झेल चले ॥

(चन्द्रगुप्त और ध्रुवस्वामिनी के साथ सबका धीरे-धीरे प्रस्थान। अकेली मन्दाकिनी खड़ी

रह जाती है।)

(पटाक्षेप)

द्वितीय अंक

(एक दुर्ग के भीतर सुनहले कामवाले खम्भों पर एक दालान, बीच में छोटी-छोटी-सी सीढ़ियाँ, उसी के सामने कश्मीरी खुदाई का सुंदर लकड़ी का सिंहासन। बीच के दो खंभे खुले हुए हैं, उनके दोनों ओर मोटे-मोटे चित्र बने हुए तिब्बती ढंग से रेशमी पर्दे पड़े हैं, सामने बीच में छोटा-सा आँगन की तरह जिसके दोनों ओर क्यारियाँ, उनमें दो-चार पौधे और लताएँ फूलों से लदी दिखलाई पड़ती हैं।)

कोमा : (धीरे-धीरे पौधों को देखती हुई प्रवेश करके) इन्हें सींचना पड़ता है, नहीं तो इनकी रुखाई और मलिनता सौंदर्य पर आवरण डाल देती हैं। **(देखकर)** आज तो इनके पत्ते धुले हुए भी नहीं हैं। इनमें फूल जैसे मुकुलित होकर ही रह गए हैं। खिलखिलाकर हँसने का मानो इन्हें बल नहीं। **(सोचकर)** ठीक, इधर कई दिनों में महाराज अपने युद्ध-विग्रह में लगे हुए हैं और मैं भी यहाँ नहीं आई, तो फिर इनकी चिन्ता कौन करता? उस दिन मैंने यहाँ दो मंच और भी रख देने के लिए कह दिया था, पर सुनता कौन है? सब जैसे रक्त के प्यासे! प्राण लेने और देने में पागल! वसन्त का उदास और असल पवन आता है, चला जाता है। कोई उस स्पर्श से परिचित नहीं। ऐसा तो वास्तविक जीवन नहीं है **(सीढ़ी पर बैठकर सोचने लगती है)** प्रणय! प्रेम! जब सामने से आते हुए तीव्र आलोक की तरह आँखों में प्रकाशपुंज उड़ेल देता है, तब सामने की सब वस्तुएँ और भी अस्पष्ट हो जाती हैं। अपनी ओर से कोई भी प्रकाश की किरण नहीं। तब वही, केवल वही! हो पागलपन, भूल हो, दुःख मिले। प्रेम करने की एक ऋतु होती है। उसमें चूकना, उसमें सोच-समझकर चलना दोनों बराबर हैं। सुना है दोनों ही संसार के चतुरों की दृष्टि से मूर्ख बनते हैं, तब कोमा, तू किसे अच्छा समझती है?

(गाती है)

यौवन! तेरी चंचल छाया।
इसमें बैठे घूँट भर पी लूँ जो रस तू है लाया।
मेरे प्याले में पद बनकर कब तू छली समाया।
जीवन-वंशी के छिद्रों में स्वर बनकर लहराया।
पल भर रुकने वाले! कह तू पथिक! कहाँ से आया

(चुप होकर आँखें बंद किए तन्मय होकर बैठी रह रह जाती है। शकराज का प्रवेश। हाथ में एक लम्बी तलवार लिए चिंतित भाव से आकर इस तरह खड़ा होता है, जिससे कोमा को नहीं देखता।)

शकराज : खिंगल अभी नहीं आया, क्या वह बंदी तो नहीं कर लिया गया? नहीं, यदि वे अंधे नहीं हैं तो उन्हें अपने सिर पर खड़ी विपत्ति दिखाई देनी चाहिए। **(सोचकर)** विपत्ति, केवल उन्हीं पर तो नहीं है, हम लोगों को भी रक्त की नदी बहानी पड़ेगी। चित्त बड़ा चंचल हो रहा है, तो बैठ जाऊँ इस एकान्त में। अपने बिखरे हुए मन को सँभाल लूँ। **(इधर-उधर देखता है, कोमा आहट पाकर खड़ी होती है। उसे देखकर)** अरे, कोमा! कोमा!

कोमा : हाँ, महाराज! क्या आज्ञा है?

शकराज : (उसे स्निग्ध भाव से देखकर) आज्ञा नहीं, कोमा! तुम्हें आज्ञा न दूँगा! तुम रूठी हुई-सी क्यों बोल रही हो?

कोमा : रूठने का सुहाग मुझे मिला कब?

शकराज : आजकल में जैसी भीषण परिस्थिति में हूँ, उसमें अन्यमनस्क होना स्वाभाविक है, तुम्हें यह भूल न जाना चाहिए।

कोमा : तो क्या आपकी दुश्चिन्ताओं में मेरा भाग नहीं? मुझे उससे अलग रखने से क्या वह परिस्थिति कुछ सरल हो रही है?

शकराज : तुम्हारे हृदय को उन दुर्भावनाओं में डालकर व्यथित नहीं करना चाहता। मेरे सामने जीवन-मरण का प्रश्न है।

कोमा : प्रश्न स्वयं किसी के सामने नहीं आते। मैं तो समझती हूँ, मनुष्य उन्हें जीवन के लिए उपयोगी समझता है। मकड़ी की तरह लटकने के लिए अपने आप ही जाला बुनता है। जीवन का प्राथमिक प्रसन्न उल्लास मनुष्य के भविष्य में मंगल और सौभाग्य को आमंत्रित करता है। उससे उदासीन न होना चाहिए, महाराज!

शकराज : सौभाग्य और दुर्भाग्य मनुष्य की दुर्बलता के नाम हैं। मैं तो पुरुषार्थ को ही सबका नियामक समझता हूँ! पुरुषार्थ ही सौभाग्य को खींच लाता है। हाँ, मैं इस युद्ध के लिए उत्सुक नहीं था कोमा, मैं ही दिग्विजय के लिए नहीं निकला था।

कोमा : संसार के नियम के अनुसार आप अपने से महान् के सम्मुख थोड़ा-सा विनीत बनकर उस उपद्रव से अलग रह सकते थे।

शकराज : यही तो मुझसे नहीं हो सकता।

कोमा : अभावमयी लघुता में मनुष्य अपने को महत्त्वपूर्ण दिखाने का अभिनय न करे तो क्या अच्छा नहीं है?

शकराज : (चिढ़कर) यह शिक्षा अभी रहने दो कोमा, मैं किसी से बड़ा नहीं हूँ तो छोटा भी नहीं बनना चाहता। तुम अभी तक पाषाणी प्रतिमा की तरह वहीं खड़ी हो, मेरे पास आओ।

कोमा : पाषाणी! हाँ, राजा! पाषाणी के भीतर भी कितने मधुर स्रोत बहते रहते हैं। उनमें मदिरा नहीं, शीतल जल की धारा बहती है। प्यासों की तृप्ति...

शकराज : किन्तु मुझे तो इस समय स्फूर्ति के लिए एक प्याला मदिरा ही चाहिए :

कोमा : (स्थिर दृष्टि से देखती हुई) मैं ले आती हूँ। आप बैठिए।

(कोमा एक छोटा-सा मंच रख देती है और चली जाती है। शकराज मंच पर बैठ जाता है। खिंगल का प्रवेश)

शकराज : कहो जी, क्या समाचार है?

खिंगल : महाराज! मैंने उन्हें अच्छी तरह समझा दिया कि हम लोगों का अवरोध दृढ़ है। उन्हें दो में से एक करना ही होगा। या तो अपने प्राण दें अन्यथा मेरे सन्धि के नियमों को स्वीकार करें।

शकराज : (उत्सुकता से) तो वे समझ गए?

खिंगल : दूसरा उपाय ही क्या था! यह छोकड़ा रामगुप्त, समुद्रगुप्त की तरह दिग्विजय करने निकला था। उसे इन बीहड़ पहाड़ी घाटियों का परिचय नहीं मिला था। किन्तु सब बातों को समझकर

वह अपने नियमों को मानने के लिए बाध्य हुआ।

शकराज : (प्रसन्नता से उठकर दोनों हाथ पकड़ लेता है) ऐं! तुम सच कहते हो? मुझे आशा नहीं। क्या मेरा दूसरा प्रस्ताव भी रामगुप्त ने मान लिया?

(स्वर्ण के कलश में मदिरा लेकर कोमा चुपके से आकर पीछे खड़ी हो जाती है।)

खिंगल : हाँ महाराज! उसने माँगे हुए सब उपहारों को देना स्वीकार किया और ध्रुवस्वामिनी भी आपकी सेवा में शीघ्र ही उपस्थित होती है।

(कोमा चौंक उठती है और शकराज प्रसन्नता से खिंगल के हाथों को झकझोरने लगता है)

शकराज : खिंगल! तुमने कितना सुंदर समाचार सुनाया! आज देव-पुत्रों की स्वर्गीय आत्माएँ प्रसन्न होंगी। उनकी पराजयों का यह प्रतिशोध है। हम लोग गुप्तों की दृष्टि में जंगली, बर्बर और असभ्य हैं तो फिर मेरी प्रतिहिंसा ही बर्बरता के भी अनुकूल होगी। हाँ, मैंने अपने शूर-सामन्तों के लिए भी स्त्रियाँ माँगी थीं।

खिंगल : वे भी साथ ही आएँगी।

शकराज : तो फिर सोने की झाँझवाली नाच का प्रबन्ध करो। इस विजय का उत्सव मनाया जाय और मेरे सामन्तों का भी शीघ्र बुला लाओ।

(खिंगल का प्रस्थान। शकराज अपनी प्रसन्नता में उद्विग्न-सा इधर-उधर टहलने लगता है और कोमा अपना कलश लिए हुए धीरे-धीरे सिंहासन के पास जाकर खड़ी हो जाती है। चार सामन्तों का प्रवेश। दूसरी ओर से नर्तकियों का दल आता है। शकराज उनकी ओर ही देखता हुआ सिंहासन पर बैठ जाता है। सामन्त लोग उसके पैरों के नीचे सीढ़ियों पर बैठते हैं। नर्तकियाँ नाचती हुई गाती हैं)

गाना :

अस्ताचल पर युवती सन्ध्या की खुली अलक घुँघराली है।
लो, मानिक मदिरा की धारा अब बहने लगी निराली है।
भरी ली पहाड़ियों ने अपनी झीलों की रत्नमयी प्याली।
झुक चली चूमने बल्लरियों से लिपटी तरु की डाली है।
यह लगा पिघलने मानिनियों का हृदय मृदु-प्रणय-रोष भरा।
वे हँसती हुई दुलार-भरी मधु लहर उठाने वाली है।
भरने निकले हैं प्यार भरे जोड़े कुंजों की झुरमुट से।
इस मधुर अँधेरी में अब तक क्या इनकी प्याली खाली है।
भर उठीं प्यालियाँ, सुमनों ने सौरभ मकरन्द मिलाया है।
कामिनियों ने अनुराग-भरे अधरों से उन्हें लगा ली है।
वसुधा मदमाती हुई उधर आकाश लगा देखो झुकने।
सब झूम रहे अपने सुख में तूने क्यों बाधा डाली है।

(नर्तकियाँ जाने लगती हैं)

एक सामन्त : श्रीमान्! इतनी बड़ी विजय के अवसर पर इस सूखे उत्सव से सन्तोष नहीं होता, जबकि कलश सामने भरा हुआ रखा है।

शकराज : ठीक है, इन लोगों को केवल कहकर ही नहीं, प्यालियाँ भरकर भी देनी चाहिए।

(सब पीते हैं और नर्तकियाँ एक-एक को सानुरोध पान कराती हैं)

दूसरा सामन्त : श्रीमान् की आज्ञा मानने के अतिरिक्त दूसरी गति नहीं। उन्होंने समझ से काम

लिया, नहीं तो हम लोगों को इस रात की कालिमा में रक्त की लाली मिलानी पड़ती।

तीसरा सामन्त : क्यों बक-बक करते हो? चुपचाप इस बिना परिश्रम की विजय का आनन्द लो। लड़ना पड़ता तो सारी हेकड़ी भूल जाती।

दूसरा सामन्त : (क्रोध से लड़खड़ाता हुआ उठता है) हमसे!

तीसरा सामन्त : हाँ जी, तुमसे!

दूसरा सामन्त : तो फिर आओ, तुम्हीं से निपट लें। **(सब परस्पर लड़ने की चेष्टा कर रहे हैं। शकराज खिंगल को संकेत करता है। वह उन लोगों को बाहर लिवा जाता है। तूर्यनाद)**

शकराज : रात्रि के आगमन की सूचना हो गई। दुर्ग का द्वार अब शीघ्र ही बन्द होगा। अब तो हृदय अधीर हो रहा है। खिंगल!

(खिंगल का पुनः प्रवेश)

खिंगल : दुर्ग-तोरण में शिविकाएँ आ गई हैं।

शकराज : (गर्व से) तब विलम्ब क्यों? उन्हें अभी ले आओ।

खिंगल : (सविनय) किन्तु रानी की एक प्रार्थना है।

शकराज : क्या?

खिंगल : वह पहले केवल श्रीमान् से ही सीधे भेंट करना चाहती हैं। उसकी मर्यादा...

शकराज : (ठठाकर हँसते हुए) क्या कहा मर्यादा! भाग्य ने झुकने के लिए जिन्हें विवश कर दिया है, उन लोगों के मन में मर्यादा का ध्यान और भी अधिक रहता है। यह उनकी दयनीय दशा है।

खिंगल : वह श्रीमान् की रानी होने के लिए आ रही हैं।

शकराज : (हँसकर) अच्छा, तुम मध्यस्थ हो न! तुम्हारी बात मानकर मैं उससे एकान्त में ही भेंट करूँगा! जाओ।

(खिंगल का प्रस्थान)

कोमा : महाराज! मुझे क्या आज्ञा है

शकराज : (चौंककर) अरे, तुम अभी यहीं खड़ी हो? मैं तो जैसे भूल ही गया था। हृदय चंचल हो रहा है। मेरे समीप आओ, कोमा!

कोमा : नयी रानी के आगमन की प्रसन्नता से

शकराज : (सँभलकर) नई रानी का आना क्या तुम्हें अच्छा नहीं लगा, कोमा?

कोमा : (निर्विकार भाव से) संसार में बहुत-सी बातें बिना अच्छी हुए भी अच्छी लगती हैं, और बहुत-सी अच्छी बातें बुरी मालूम पड़ती हैं।

शकराज : (झुँझलाकर) तुम तो आचार्य मिहिरदेव की तरह दार्शनिकों की-सी बातें कर रही हो।

कोमा : वे मेरे पिता-तुल्य हैं, उन्हीं की शिक्षा में मैं पली हूँ। हाँ, ठीक है, जो बातें राजा को अच्छी लगें, वे ही मुझे भी रुचनी ही चाहिएँ।

शकराज : (अव्यवस्थित होकर) अच्छा, तुम इतनी अनुभूतिमयी हो, यह मैं आज जान सका।

कोमा : राजा, तुम्हारी स्नेह-सूचनाओं की सहज प्रसन्नता और मधुर अलापों ने जिस दिन मन के नीरस और नीरव शून्य में संगीत की, वसन्त की और मकरन्द की सृष्टि की थी, उसी दिन से मैं

अनुभूतिमयी बन गयी हूँ। क्या वह मेरा भ्रम था? कह दो - कह दो कि वह तेरी भूल थी।

(उत्तेजित कोमा सिर उठाकर राजा से आँख मिलाती है)

शकराज : **(संकोच से)** नहीं कोमा, वह भ्रम नहीं था। मैं सचमुच तुम्हें प्यार करता हूँ।

कोमा : **(उसी तरह)** तब भी यह बात?

शकराज : **(सशंक)** कौन-सी बात?

कोमा : वही, जो आज होने जा रही है! मेरे राजा! आज तुम एक स्त्री को अपने पति से विच्छिन्न कराकर अपने गर्व की तृप्ति के लिए कैसा अनर्थ कर रहे हो?

शकराज : **(बात उड़ाते हुए, हँसकर)** पागल कोमा! वह मेरी राजनीति का प्रतिशोध है।

कोमा : **(दृढ़ता से)** किन्तु राजनीति का प्रतिशोध क्या एक नारी को कुचले बिना नहीं हो सकता?

शकराज : जो विषय न समझ में आवे, उस पर विवाद न करो।

कोमा : **(खिन्न होकर)** मैं क्यों न करूँ? **(ठहरकर)** किन्तु नहीं, मुझे विवाद करने का अधिकार नहीं। यह मैं समझ गयी।

(वह दुःखी होकर जाना चाहती है कि दूसरी ओर से मिहिरदेव का प्रवेश।

शकराज : **(सम्भ्रम से खड़ा होकर)** धर्मपूज्य! मैं वन्दना करता हूँ।

मिहिरदेव : कल्याण हो! **(कोमा के सिर पर हाथ रखकर)** बेटी! मैं तो तुमको ही देखने चला आया। तू उदास क्यों है

(शकराज की ओर मूक दृष्टि से देखने लगता है)

शकराज : आचार्य! रामगुप्त का दर्प दलन करने के लिए मैंने ध्रुवस्वामिनी को उपहार में भेजने की आज्ञा उसे दी थी। आज रामगुप्त की रानी मेरे दुर्ग में आई है। कोमा को इसमें आपत्ति है।

मिहिरदेव : **(गम्भीरता से)** ऐसे काम में तो आपत्ति होनी ही चाहिए, राजा! स्त्री का सम्मान नष्ट करके तुम जो भयानक अपराध करोगे, उसका फल क्या अच्छा होगा? और भी, यह अपनी भावी पत्नी के प्रति तुम्हारा अत्याचार होगा।

शकराज : **(क्षोभ से)** भावी पत्नी?

मिहिरदेव : अरे, क्या तुम इस क्षणिक सफलता से प्रमत्त हो जाओगे? क्या तुमने अपने आचार्य की प्रतिपालिता कुमारी के साथ स्नेह का सम्बन्ध नहीं स्थापित किया है? क्या इसमें भी सन्देह है? राजा! स्त्रियों का स्नेह-विश्वास भंग कर देना, कोमल तन्तु को तोड़ने से भी सहज है; परन्तु सावधान होकर उसके परिणाम को भी सोच लो।

शकराज : मैं समझता हूँ कि आप मेरे राजनीतिक कामों में हस्तक्षेप न करें तो अच्छा हो।

मिहिरदेव : राजनीति! राजनीति ही मनुष्यों के लिए सब कुछ नहीं है। राजनीति के पीछे नीति से भी हाथ न धो बैठो, जिसका विश्व मानव के साथ व्यापक सम्बन्ध है। राजनीति की साधारण छलनाओं से सफलता प्राप्त करके क्षण-भर के लिए तुम अपने को चतुर समझने की भूल कर सकते हो, परन्तु इस भीषण संसार में एक प्रेम करने वाले हृदय को खो देना, सबसे बड़ी हानि है शकराज! दो प्यार करने वाले हृदयों के बीच में स्वर्गीय ज्योति का निवास है।

शकराज : बस, बहुत हो चुका। आपके महत्त्व की भी कोई सीमा होगी। अब आप यहाँ से नहीं जाते हैं, तो मैं ही चला जाता हूँ।

(प्रस्थान)

मिहिरदेव : चल कोमा! हम लोगों को लताओं, वृक्षों और चट्टानों से छाया और सहानुभूति मिलेगी। इस दुर्ग से बाहर चल।

कोमा : (गद्गद् कण्ठ से) पिता जी! **(खड़ी रहती है)**

मिहिरदेव : बेटी! हृदय को सँभाल। कष्ट सहन करने के लिए प्रस्तुत हो जा। प्रतारणा में बड़ा मोह होता है। उसे छोड़ने को मन नहीं करता। कोमा! छल का बहिरंग सुन्दर होता है : विनीत और आकर्षक भी; पर दुखदायी और हृदय को बेधने के लिए इस बन्धन को तोड़ डाल।

कोमा : (सकरुण) तोड़ डालूँ पिता जी! मैंने जिसे अपने आँसुओं से सींचा, वही दुलारभरी वल्लरी, मेरे आँख बन्द कर चलने में मेरे ही पैरों से उलझ गई है। दे दूँ एक झटका - उसकी हरी-हरी पत्तियाँ कुचल जाएँ और वह छिन्न होकर धूल में लोटने लगे? न, ऐसी कठोर आज्ञा न दो।

मिहिरदेव : (निःश्वास लेकर आकाश को देखते हुए) यहाँ तेरी भलाई होती, तो मैं चलने के लिए न कहता। हम लोग अखरोट की छाया में बैठेंगे - झरनों के किनारे, दाख के कुंजों में विश्राम करेंगे। जब नीले आकाश में मेघों के टुकड़े, मानसरोवर जाने वाले हंसों का अभिनय करेंगे, तब तू अपनी तकली पर ऊन कातती हुई कहानी कहेगी और मैं सुनूँगा।

कोमा : तो चलूँ! **(एक बार चारों ओर देखकर)** एक घड़ी के लिए मुझे...

मिहिरदेव : (ऊबकर आकाश की ओर देखता हुआ) तू नहीं मानती। वह देख, नील लोहित रंग का धूमकेतु अविचल भाव से इस दुर्ग की ओर कैसा भयानक संकेत कर रहा है।

कोमा : (उधर देखते हुए) तब एक क्षण मुझे...

मिहिरदेव : पागल लड़की! अच्छा, मैं फिर आऊँगा। तू सोच ले, विचार कर ले **(जाता है)**।

कोमा : जाना ही होगा! तब यह मन की उलझन क्यों? अमंगल का अभिशाप अपनी क्रूर हँसी से इस दुर्ग को कँपा देगा, और सुख के स्वप्न विलीन हो जाएँगे। मेरे यहाँ रहने से उन्हें अपने भावों को छिपाने के लिए बनावटी व्यवहार करना होगा; पग-पग पर अपमानित होकर मेरा हृदय उसे सह न सकेगा। तो चलूँ! यही ठीक है! पिताजी! ठहरिए, मैं आती हूँ।

शकराज : (प्रवेश करके) कोमा!

कोमा : जाती हूँ, राजा!

शकराज : (भयभीत होकर उसे देखता हुआ) ओह! भयावनी पूँछ वाला धूमकेतु! आकाश का उच्छृड़्खल पर्यटक! नक्षत्र लोक का अभिशाप! कोमा! आचार्य को बुलाओ। वे जो आदेश देंगे वही मैं करूँगा। इस अमंगल की शान्ति होनी चाहिए।

कोमा : वे बहुत चिढ़ गए हैं। अब उनको प्रसन्न करना सहज नहीं है। वे मुझे अपने साथ लिवा जाने के लिए मेरी प्रतीक्षा करते होंगे।

शकराज : कोमा! पिताजी के साथ...।

कोमा : पिताजी के साथ।

शकराज : और मेरा प्यार, मेरा स्नेह, सब भुला दोगी? इस अमंगल की शान्ति करने के लिए आचार्य को न समझाओगी?

कोमा : (खिन्न होकर) प्रेम का नाम न लो। वह एक पीड़ा थी जो छूट गई। उसकी कसक भी धीरे-धीरे दूर हो जाएगी। राजा, मैं तुम्हें प्यार नहीं करती। मैं तो दर्प से दीप्त तुम्हारी महत्त्वमयी पुरुष-मूर्ति की पुजारिन थी, जिसमें पृथ्वी पर अपने पैरों से खड़े रहने की दृढ़ता थी। इस स्वार्थ-मलिन कलुष से भरी मूर्ति से मेरा परिचय नहीं। अपने तेज की अग्नि में जो सब कुछ भस्म कर सकता हो,

उसे दृढ़ता का आकाश के नक्षत्र कुछ बना-बिगाड़ नहीं सकते। तुम आशंका मात्र से दुर्बल-कम्पित और भयभीत हो।

शकराज : (धूमकेतु को बार-बार देखता हुआ) भयानक! कोमा, मुझे बचाओ!

कोमा : जाती हूँ महाराज! पिताजी मेरी प्रतीक्षा करते होंगे।

(जाती है। शकराज अपने सिंहासन पर हताश होकर बैठ जाता है।)

प्रहरी : (प्रवेश करके) महाराज! ध्रुवस्वामिनी ने पूछा है कि एकान्त हो तो आऊँ।

शकराज : हाँ, कह दो कि यहाँ एकान्त है। और देखो, यहाँ दूसरा कोई न आने पावे।

(प्रहरी जाता है। शकराज चंचल होकर टहलने लगता है। धूमकेतु की ओर दृष्टि जाती है तो भयभीत होकर बैठ जाता है।)

शकराज : तो इसका कोई उपाय नहीं? न जाने क्यों मेरा हृदय घबरा रहा है। कोमा को समझा-बुझाकर ले आना चाहिए। (सोचकर) किन्तु इधर ध्रुवस्वामिनी जो आ रही है! तो भी देखूँ, यदि कोमा प्रसन्न हो जाय... (जाता है)।

(स्त्री-वेश में चन्द्रगुप्त आगे और पीछे ध्रुवस्वामिनी स्वर्ण-खचित उत्तरीय में सब अंग छिपाए हुए आती है। केवल खुले हुए मुँह पर प्रसन्न चेष्टा दिखाई देती है।)

चन्द्रगुप्त : तुम आज कितनी प्रसन्न हो!

ध्रुवस्वामिनी : और तुम क्या नहीं?

चन्द्रगुप्त : मेरे जीवन-निशीथ का ध्रुव-नक्षत्र इस घोर अन्धकार में अपनी स्थिर उज्ज्वलता से चमक रहा है। आज महोत्सव है न?

ध्रुवस्वामिनी : लौट जाओ, इस तुच्छ नारी-जीवन के लिए इतने गहान् उत्सर्ग की आवश्यकता नहीं।

चन्द्रगुप्त : देवि! यह तुम्हारा क्षणिक मोह है। मेरी परीक्षा न लो। मेरे शरीर ने चाहे जो रूप धारण किया हो, किन्तु हृदय निश्छल है।

ध्रुवस्वामिनी : अपनी कामना की वस्तु न पाकर यह आत्महत्या जैसा प्रसंग तो नहीं है।

चन्द्रगुप्त : तीखे वचनों से मर्माहत करके भी आज कोई मुझे इस मृत्यु-पक्ष से विमुख नहीं कर सकता। मैं केवल अपना कर्त्तव्य करूँ, इसी में मुझे सुख है। (ध्रुवस्वामिनी संकेत करती है। शकराज का प्रवेश। दोनों चुप हो जाते हैं। वह दोनों को चकित होकर देखता है।)

शकराज : मैं किसको रानी समझूँ? रूप का ऐसा तीव्र आलोक!... नहीं, मैंने कभी नहीं देखा था। इसमें कौन ध्रुवस्वामिनी है?

ध्रुवस्वामिनी : यह मैं आ गई हूँ।

चन्द्रगुप्त : (हँसकर) शकराज को तुम धोखा नहीं दे सकती हो। ध्रुवस्वामिनी कौन है? यह एक अन्धा भी बता सकता है।

ध्रुवस्वामिनी : (आश्चर्य से) चन्द्रे! तुमको क्या हो गया है? यहाँ आने पर तुम्हारी इच्छा रानी बनने की हो गई है? या मुझे शकराज से बचा लेने के लिए यह तुम्हारी स्वामिभक्ति है?

(शकराज चकित होकर दोनों की ओर देखता है)

चन्द्रगुप्त : कौन जाने तुम्हीं ऐसा कर रही हो?

धुवस्वामिनी : चन्द्रे! तुम मुझे दोनों ओर से नष्ट न करो। यहाँ से लौट जाने पर भी क्या मैं गुप्तकुल के अन्तःपुर में रह पाऊँगी?

चन्द्रगुप्त : चन्द्रे कहकर मुझको पुकारने से क्या तात्पर्य है? यह अच्छा झगड़ा तुमने फैलाया। इसीलिए मैंने एकान्त में मिलने की प्रार्थना की थी।

धुवस्वामिनी : तो क्या मैं यहाँ भी छली जाऊँगी

शकराज : ठहरो, **(दोनों को ध्यान से देखता हुआ)** क्या चिन्ता यदि मैं दोनों को ही रानी समझ लूँ

धुवस्वामिनी : ऐं...

चन्द्रगुप्त : हैं...

शकराज : क्यों, इसमें क्या बुरी बात है

चन्द्रगुप्त : जी नहीं, यह नहीं हो सकता। धुवस्वामिनी कौन है, पहले इसका निर्णय होना चाहिए।

धुवस्वामिनी : (क्रोध से) चन्द्रे! मेरे भाग्य के आकाश में धूमकेतु-सी अपनी गति बन्द करो।

शकराज : (धूमकेतु की ओर देखकर भयभीत-सा) ओह भयानक!

(व्यग्र भाव से टहलने लगता है।)

चन्द्रगुप्त : (शकराज की पीठ पर हाथ रखकर) सुनिए...

धुवस्वामिनी : चन्द्रे!

चन्द्रगुप्त : इस धमकी से कोई लाभ नहीं।

धुवस्वामिनी : तो फिर मेरा और तुम्हारा जीवन-मरण साथ ही होगा।

चन्द्रगुप्त : तो डरता कौन है? **(दोनों ही शीघ्र कटार निकाल लेते हैं)**

शकराज : (घबराकर) हैं, यह क्या तुम लोग क्या कर रहे हो? ठहरो आचार्य ने ठीक कहा है, आज शुभ मुहूर्त नहीं। मैं कल विश्वसनीय व्यक्ति को बुलाकर इसका निश्चय कर लूँगा। आज तुम लोग विश्राम करो।

धुवस्वामिनी : नहीं, इसका निश्चय तो आज ही होना चाहिए।

शकराज : (बीच में खड़ा होकर) मैं कहता हूँ न।

चन्द्रगुप्त : वाह रे कहने वाले!

(धुवस्वामिनी मानो चन्द्रगुप्त के आक्रमण से भयभीत होकर पीछे हटती है और तूर्यनाद करती है। शकराज आश्चर्य से उसे सुनता हुआ सहसा घूमकर चन्द्रगुप्त का हाथ पकड़ लेता है। धुवस्वामिनी झटके से चन्द्रगुप्त का उत्तरीय खींच लेती है और चन्द्रगुप्त हाथ छुड़ाकर शकराज को घेर लेता है)

शकराज : (चकित-सा) ऐं, यह तुम कौन प्रवंचक?

चन्द्रगुप्त : मैं हूँ चन्द्रगुप्त, तुम्हारा काल। मैं अकेला आया हूँ, तुम्हारी वीरता की परीक्षा लेने। सावधान!

(शकराज भी कटार निकालकर युद्ध के लिए अग्रसर होता है। युद्ध और शकराज की मृत्यु। बाहर दुर्ग में कोलाहल। 'धुवस्वामिनी की जय' का हल्ला मचाते हुए रक्तारक्त कलेवर सामन्त-कुमारों का प्रवेश। धुवस्वामिनी और चन्द्रगुप्त को घेरकर समवेत स्वर से

'ध्रुवस्वामिनी की जय हो!')

(पटाक्षेप)

तृतीय अंक

(शक-दुर्ग के भीतर एक प्रकोष्ठ। तीन मंचों में दो खाली और एक पर ध्रुवस्वामिनी पादपीठ के ऊपर बाएँ पैर पर दाहिना पैर रखकर अधरों से उँगली लगाए चिन्ता में निमग्न बैठी है। बाहर कुछ कोलाहल होता है।)

सैनिक : (प्रवेश करके) महादेवी की जय हो!

ध्रुवस्वामिनी : (चौंककर) क्या!

सैनिक : विजय का समाचार सुनकर राजाधिराज भी दुर्ग में आ गए हैं। अभी तो वे सैनिकों से बातें कर रहे हैं। उन्होंने पूछा है, महादेवी कहाँ हैं? आपकी जैसी आज्ञा हो, क्योंकि कुमार ने कहा है... !

ध्रुवस्वामिनी : क्या कहा है? यही न कि मुझसे पूछकर राजा यहाँ आने पावें? ठीक है, अभी मैं बहुत थकी हूँ। **(सैनिक जाने लगता है, उसे रोककर)** और सुनो तो! तुमने यह नहीं बताया कि कुमार के घाव अब कैसे हैं?

सैनिक : घाव चिन्ताजनक नहीं हैं। उन पर पट्टियाँ बँध चुकी हैं। कुमार प्रधान-मंडप में विश्राम कर रहे हैं।

ध्रुवस्वामिनी : अच्छा जाओ। **(सैनिक का प्रस्थान)**

मन्दाकिनी : (सहसा प्रवेश करके) भाभी! बधाई है। **(जैसे भूलकर गई हो)** नहीं, नहीं! महादेवी, क्षमा कीजिए।

ध्रुवस्वामिनी : मन्दा! भूल से ही तुमने आज एक प्यारी बात कह दी। उसे क्या लौटा लेना चाहती हो? आह! यदि वह सत्य होती?

(पुरोहित का प्रवेश)

मन्दाकिनी : क्या इसमें भी सन्देह है?

ध्रुवस्वामिनी : मुझे तो सन्देह का इन्द्रजाल ही दिखाई पड़ रहा है। मैं न तो महादेवी हूँ और न तुम्हारी भाभी **(पुरोहित को देखकर चुप हो जाती है)।**

पुरोहित : (आश्चर्य से इधर-उधर देखता हुआ) तब मैं क्या करूँ?

मन्दाकिनी : क्यों, आपको कुछ कहना है क्या?

पुरोहित : ऐसे उपद्रवों के बाद शान्तिकर्म होना आवश्यक है। इसीलिए मैं स्वस्त्ययन करने आया था; किन्तु आप तो कहती हैं कि मैं महादेवी ही नहीं हूँ।

ध्रुवस्वामिनी : (तीखे स्वर में) पुरोहित जी! मैं राजनीति नहीं जानती; किन्तु इतना समझती हूँ कि जो रानी शत्रु के लिए उपहार में भेज दी जाती है, वह महादेवी की उच्च पदवी से पहले ही वंचित हो गई होगी।

मन्दाकिनी : किन्तु आप तो भाभी होना भी अस्वीकार करती हैं।

ध्रुवस्वामिनी : भाभी कहने का तुम्हें रोग हो तो कह लो। क्योंकि इन्हीं पुरोहितजी ने उस दिन कुछ मन्त्रों को पढ़ा था। उस दिन के बाद मुझे कभी राजा से सरल सम्भाषण करने का अवसर ही न मिला। हाँ, न जाने मेरे किस अपराध पर सन्दिग्ध-चित्त होकर उन्होंने जब मुझे निर्वासित किया, तभी मैंने अपने स्त्री होने के अधिकार की रक्षा की भीख माँगी थी। वह भी न मिली और मैं बलि-पशु की तरह, अकरुण आज्ञा की डोरी में बँधी हुई शकदुर्ग में भेज दी गई। तब भी तुम मुझे भाभी कहना चाहती हो?

मन्दाकिनी : (सिर झुकाकर) यह गर्हित और ग्लानि-जनक प्रसंग है।

पुरोहित : यह मैं क्या सुन रहा हूँ? मुझे तो यह जानकर प्रसन्नता हुई थी कि वीर रमणी की तरह अपने साहस के बल पर महादेवी ने इस दुर्ग पर अपना अधिकार किया है।

ध्रुवस्वामिनी : आप झूठ बोलते हैं।

पुरोहित : (आश्चर्य से) मैं और झूठ!

ध्रुवस्वामिनी : हाँ; आप और झूठ, नहीं, स्वयं आप ही मिथ्या है।

पुरोहित : (हँसकर) क्या आप वेदान्त की बात कहती हैं? तब तो संसार मिथ्या है ही।

ध्रुवस्वामिनी : (क्रोध से) संसार मिथ्या है या नहीं, यह तो मैं नहीं जानती, परन्तु आप, आपका कर्मकाण्ड और आपके शास्त्र क्या सत्य हैं, जो सदैव रक्षणीया स्त्री की यह दुर्दशा हो रही है?

पुरोहित : (मन्दाकिनी से) बेटी! तुम्हीं बताओ, यह मेरा भ्रम है या महादेवी का रोष!

ध्रुवस्वामिनी : रोष है, हाँ, मैं रोष से जली जा रही हूँ। इतना बड़ा उपहास - धर्म के नाम पर स्त्री-आज्ञाकारिता की यह पैशाचिक परीक्षा मुझसे बलपूर्वक ली गई है। पुरोहित! तुमने जो मेरा राक्षस-विवाह कराया है, उसका उत्सव भी कितना सुन्दर है! यह जन संहार देखो, अभी उस प्रकोष्ठ में रक्त सनी हुई शकराज की लोथ पड़ी होगी। कितने ही सैनिक दम तोड़ते होंगे, और इस रक्तधारा में तिरती हुई मैं राक्षसी-सी साँस ले रही हूँ। तुम्हारा स्वस्त्ययन मुझे शान्ति देगा?

मन्दाकिनी : आर्य! आप बोलते क्यों नहीं? आप धर्म के नियामक हैं। जिन स्त्रियों को धर्म-बन्धन में बाँधकर, उनकी सम्मति के बिना आप उनका सब अधिकार छीन लेते हैं, तब क्या धर्म के पास कोई प्रतिकार - कोई संरक्षण नहीं रख छोड़ते, जिससे वे स्त्रियाँ अपनी आपत्ति में अवलम्ब माँग सकें? क्या भविष्य के सहयोग की कोरी कल्पना से उन्हें आप सन्तुष्ट रहने की आज्ञा देकर विश्राम ले लेते हैं?

पुरोहित : नहीं, स्त्री और पुरुष का परस्पर विश्वासपूर्ण अधिकार रक्षा और सहयोग ही तो विवाह कहा जाता है। यदि ऐसा न हो तो धर्म और विवाह खेल है।

ध्रुवस्वामिनी : खेल हो या न हो, किन्तु एक क्लीव पति के द्वारा परित्यक्ता नारी का मृत्युमुख में जाना ही मंगल है। उसे स्वस्त्ययन और शान्ति की आवश्यकता नहीं।

पुरोहित : (आश्चर्य से) यह मैं क्या सुन रहा हूँ? विश्वास नहीं होता। यदि ये बातें सत्य हैं, तब तो मुझे फिर से एक बार धर्मशास्त्र को देखना पड़ेगा। (प्रस्थान)

(मिहिरदेव के साथ कोमा का प्रवेश)

ध्रुवस्वामिनी : तुम लोग कौन हो?

कोमा : मैं पराजित शक-जाति की एक बालिका हूँ।

ध्रुवस्वामिनी : और...

कोमा : और मैंने प्रेम किया था।

ध्रुवस्वामिनी : इस घोर अपराध का तुम्हें क्या दंड मिला?

कोमा : वही, जो स्त्रियों का प्रायः मिला करता है–निराशा! निष्पीड़न! और उपहास!! रानी, मैं तुमसे भीख माँगने आई हूँ।

ध्रुवस्वामिनी : शत्रुओं के लिए मेरे पास कुछ नहीं है। अधिक हठ करने पर दण्ड मिलना भी असम्भव नहीं।

मिहिरदेव : (दीर्घ निःश्वास लेकर) पागल लड़की, हो चुका न? अब भी तू न चलेगी?

(कोमा सिर झुका लेती है)

मन्दाकिनी : तुम चाहती क्या हो?

कोमा : रानी, तुम भी स्त्री हो। क्या स्त्री का व्यथा न समझोगी? आज तुम्हारी विजय का अन्धकार तुम्हारे शाश्वत स्त्रीत्व को ढँक ले, किन्तु सबके जीवन में एक बार प्रेम की दीपावली जलती है। जली होगी अवश्य। तुम्हारे भी जीवन में वह आलोक का महोत्सव आया होगा, जिसमें हृदय, हृदय को पहचानने का प्रयत्न करता है, उदार बनता है और सर्वस्व दान करने का उत्साह रखता है। मुझे शकराज का शव चाहिए।

ध्रुवस्वामिनी : (सोचकर) जलो, प्रेम के नाम पर जलना चाहती हो तो तुम उस शव को ले जाकर जलो, जीवित रहने पर मालूम होता है कि तुम्हें अधिक शीतलता मिल चुकी है। अवश्य तुम्हारा जीवन धन्य है। (सैनिक से) इसे ले जाने दो।

(कोमा का प्रस्थान)

मन्दाकिनी : स्त्रियों के इस बलिदान का भी कोई मूल्य नहीं। कितनी असहाय दशा है। अपने निर्बल और अवलम्बन खोजने वाले हाथों से यह पुरुषों के चरणों को पकड़ती हैं और वह सदैव ही इनको तिरस्कार, घृणा और दुर्दशा की भिक्षा से उपकृत करता है। तब भी यह बावली मानती है

ध्रुवस्वामिनी : भूल है – भ्रम है। (ठहरकर) किन्तु उसका कारण भी है। पराधीनता की एक परम्परा-सी उनकी नस-नस में – उनकी चेतना में न जाने किस युग से घुस गई है। उन्हें समझकर भी भूल करनी पड़ती है। क्या वह मेरी भूल न थी – जब मुझे निर्वासित किया गया, तब मैं अपनी आत्म-मर्यादा के लिए कितनी तड़प रही थी और राजाधिराज रामगुप्त के चरणों में रक्षा के लिए गिरी, पर कोई उपाय चला नहीं। पुरुषों की प्रभुता का जाल मुझे अपने निर्दिष्ट पथ पर ले ही आया। मन्दा! दुर्ग की विजय मेरी सफलता है या मेरा दुर्भाग्य, इसे मैं नहीं समझ सकी हूँ। राजा से मैं सामना करना नहीं चाहती। पृथ्वीतल से जैसे एक साकार घृणा निकलकर मुझे अपने पीछे लौट चलने का संकेत कर रही है। क्यों, क्या यह मेरे मन का कलुष है? क्या मैं मानसिक पाप कर रही हूँ?

(उन्मत्त भाव से प्रस्थान)

मन्दाकिनी : नारी हृदय, जिसके मध्य-विन्द से हटकर, शास्त्र का एक मन्त्र, कील की तरह गड़ गया है और उसे अपने सरल प्रवर्तन-चक्र में घूमने से रोक रहा है, निश्चय ही वह कुमार चन्द्रगुप्त की अनुरागिनी है।

चन्द्रगुप्त : (सहसा प्रवेश करके) कौन? मन्दा!

मन्दाकिनी : अरे कुमार! अभी थोड़ा विश्राम करते।

चन्द्रगुप्त : (बैठते हुए) विश्राम! मुझे कहाँ विश्राम? मैं अभी यहाँ से प्रस्थान करने वाला हूँ। मेरा कर्तव्य पूर्ण हो चुका। अब यहाँ मेरा ठहरना अच्छा नहीं।

मन्दाकिनी : किन्तु भाभी की जो बुरी दशा है।

चन्द्रगुप्त : क्यों, उन्हें क्या हुआ? **(मन्दाकिनी चुप रहती है)** बोलो, मुझे अवकाश नहीं! राजाधिराज का सामना होते ही क्या हो जाएगा - मैं नहीं कह सकता। क्योंकि अब यह राजनीतिक छल-प्रपंच मैं नहीं सह सकता।

मन्दाकिनी : किन्तु उन्हें इस असहाय अवस्था में छोड़कर आपका जाना क्या उचित होगा और... **(चुप रह जाती है)**

चन्द्रगुप्त : और क्या... वह क्यों नहीं कहती हो?

मन्दाकिनी : तो क्या उसे भी कहना होगा? महादेवी बनने के पहले ध्रुवस्वामिनी का जो मनोभाव था, वह क्या आपसे छिपा है?

चन्द्रगुप्त : किन्तु मन्दाकिनी! उसकी चर्चा करने से क्या लाभ?

मन्दाकिनी : हृदय में नैतिक साहस - वास्तविक प्रेरणा और पौरुष की पुकार एकत्र करके सोचिए तो कुमार, कि अब आपको क्या करना चाहिए **(चन्द्रगुप्त चिन्तित भाव से टहलने लगता है। नेपथ्य में कुछ लोगों के आने-जाने का शब्द और कोलाहल)** देखूँ तो यह क्या है और महादेवी कहाँ गयीं? **(प्रस्थान)**

चन्द्रगुप्त : विधान की स्याही का एक बिन्द गिरकर भाग्य-लिपि पर कालिमा चढ़ा देता है। मैं आज यह स्वीकार करने से भी संकुचित हो रहा हूँ कि ध्रुवस्वामिनी मेरी है। **(ठहरकर)** हाँ, वह मेरी है, उसे मैंने आरम्भ से ही अपनी सम्पूर्ण भावना से प्यार किया है। मेरे हृदय के गहन अन्तस्थल से निकली हुई यह मूक स्वीकृति आज बोल रही है। मैं पुरुष हूँ? नहीं, मैं अपनी आँखों से अपना वैभव और अधिकार दूसरों को अन्याय से छीनते देख रहा हूँ और मेरी वाग्दत्ता पत्नी मेरे ही अनुत्साह से आज मेरी नहीं रही। नहीं, यह शील का कपट, मोह और प्रवंचना है। मैं जो हूँ, वही तो नहीं स्पष्ट रूप से प्रकट कर सका। गह कैसी विटम्बना है! विनय के आवरण में मेरी कायरता अपने को कब तक छिपा सकेगी?

(एक ओर से मन्दाकिनी का प्रवेश)

मन्दाकिनी : शकराज का शव लेकर जाते हुए आचार्य और उसकी कन्या का राजाधिकार के साथी सैनिकों ने वध कर डाला!

ध्रुवस्वामिनी : **(दूसरी ओर से प्रवेश करके)** ऐं!

(सामन्त-कुमारों का प्रवेश)

सामन्त कुमार : **(सब एक साथ ही)** स्वामिनी! आपकी आज्ञा के विरुद्ध राजाधिकार ने निरीह शकों का संहार करवा दिया है।

ध्रुवस्वामिनी : फिर आप लोग इतने चंचल क्यों हैं? राजा को आज्ञा देनी चाहिए और प्रजा को नत-मस्तक होकर उसे मानना होगा।

सामन्त कुमार : किन्तु अब वह असह्य है। राजसत्ता के अस्तित्व की घोषणा के लिए इतना भयंकर प्रदर्शन! मैं तो कहूँगा, इस दुर्ग में, आपकी आज्ञा के बिना राजा का आना अन्याय है।

ध्रुवस्वामिनी : मेरे वीर सहायको! मैं तो स्वयं एक परित्यक्ता और हतभागिनी स्त्री हूँ। मुझे तो अपनी स्थिति की कल्पना से भी क्षोभ हो रहा है। मैं क्या कहूँ?

सामन्त-कुमार : मैं सच कहता हूँ, रामगुप्त जैसे राजपद को कलुषित करने वाले के लिए मेरे हृदय में तनिक भी श्रद्धा नहीं। विजय का उत्साह दिखाने यहाँ वे किस मुँह से आए, जो हिंसक,

पाखण्डी, क्षीव और क्लीव हैं।

रामगुप्त : (सहसा शिखरस्वामी के साथ प्रवेश करके) क्या कहा? फिर से तो कहना!

सामन्त कुमार : गुप्त-काल के गौरव का कलंक-कालिमा के सागर में निमज्जित करने वाले...!

शिखरस्वामी : (उसे बीच में ही रोककर) चुप रहो! क्या तुम लोग किसी के बहकाने से आवेश में आ गए हो? **(चन्द्रगुप्त की ओर देखकर)** कुमार! यह क्या हो रहा है?

(चन्द्रगुप्त उत्तर देने की चेष्टा करके चुप रह जाता है।)

रामगुप्त : दुर्विनीत, पाखण्डी, पामरो! तुम्हें इस धृष्टता का क्रूर दण्ड भोगना पड़ेगा। **(नेपथ्य की ओर देखकर)** इन विद्रोहियों को वंदी करो।

(रामगुप्त के सैनिक आकर सामान्त-कुमारों को बन्दी बनाते हैं। रामगुप्त का संकेत पाकर सैनिक लोग चन्द्रगुप्त की ओर भी बढ़ते हैं और चन्द्रगुप्त शृंखला में बँध जाता है।)

ध्रुवस्वामिनी : कुमार! मैं कहती हूँ कि तुम प्रतिवाद करो। किस अपराध के लिए यह दण्ड ग्रहण कर रहे हो?

(चन्द्रगुप्त एक दीर्घ निःश्वास लेकर चुप रह जाता है)

रामगुप्त : (हँसकर) कुचक्र करने वाले क्या बोलेंगे?

ध्रुवस्वामिनी : और जो लोग बोल सकते हैं; जो अपनी पवित्रता की दुन्दभी बजाते हैं, वे सब-के-सब साधु होते हैं न? **(चन्द्रगुप्त से)** कुमार! तुम्हारी जिह्वा पर कोई बन्धन नहीं। कहते क्यों नहीं कि मेरा यही अपराध है कि मैंने कोई अपराध नहीं किया?

रामगुप्त : महादेवी!

ध्रुवस्वामिनी : (उसे न सुनते हुए चन्द्रगुप्त से) झटक दो इन लौह-शृंखलाओं को! यह मिथ्या ढोंग कोई नहीं सहेगा। तुम्हारा क्रुद्ध दुर्दैव भी नहीं।

रामगुप्त : (डाँटकर) महादेवी! चुप रहो!

ध्रुवस्वामिनी : (तेजस्विता से) कौन महादेवी! राजा, क्या अब भी मैं महादेवी ही हूँ? जो शकराज की शय्या के लिए क्रीतदासी की तरह भेजी गई हो, वह भी महादेवी! आश्चर्य!

शिखरस्वामी : देवि, इस राजनीतिक चातुरी में जो सफलता...

ध्रुवस्वामिनी : (पैर पटककर) चुप रहो प्रवंचना के पुतले! स्वार्थ से घृणित प्रपंच! चुप रहो।

रामगुप्त : तो तुम महादेवी नहीं हो न?

ध्रुवस्वामिनी : नहीं! मनुष्य की दी हुई मैं उपाधि लौटा देती हूँ।

रामगुप्त : और मेरी सहधर्मिणी?

ध्रुवस्वामिनी : धर्म ही इसका निर्णय करेगा।

रामगुप्त : ऐं, क्या इसमें भी सन्देह!

ध्रुवस्वामिनी : उसे अपने हृदय से पूछिए कि क्या मैं वास्तव में सहधर्मिणी हूँ?

(पुरोहित का प्रवेश। सामने सबको देखकर चौंक उठता है। शिखरस्वामी चले जाने का सङ्केत करता है।)

पुरोहित : नहीं, मैं नहीं जाऊँगा। प्राणि-मात्र के अन्तस्थल में जाग्रत रहने वाले महान् विचारक धर्म की आज्ञा मैं न टाल सकूँगा। अभी जो प्रश्न अपनी गम्भीरता में भीषण होकर आप लोगों को

विचलित कर रहा है, मैं ही उसका उत्तर देने का अधिकारी हूँ। विवाह का धर्मशास्त्र से घनिष्ठ सम्बन्ध है।

ध्रुवस्वामिनी : आप सत्यवादी ब्राह्मण हैं। कृपा करके बतलाइए...

शिखरस्वामी : (विनय से उसे रोककर) मैं समझता हूँ कि यह विवाद अधिक बढ़ाने से कोई लाभ नहीं!

ध्रुवस्वामिनी : नहीं, मेरी इच्छा इस विवाद का अन्त करने की है। आज यह निर्णय हो जाना चाहिए कि मैं कौन हूँ?

रामगुप्त : ध्रुवस्वामिनी, निर्लज्जता की भी एक सीमा होती है।

ध्रुवस्वामिनी : मेरी निर्लज्जता का दायित्व क्लीव कापुरुष पर है। स्त्री की लज्जा लूटने वाले उस दस्यु के लिए मैं...।

रामगुप्त : (रोककर) चुप रहो! तुम्हारा पर-पुरुष में अनुरक्त हृदय अत्यन्त कलुषित हो गया है। तुम काल-सर्पिणी-सी स्त्री! ओह, तुम्हें धर्म का तनिक भी भय नहीं! शिखर! इस भी वंदी करो।

पुरोहित : ठहरिए! महाराज ठहरिए!! धर्म की ही बात मैं सोच रहा था।

शिखरस्वामी : (क्रोध से) मैं कहता हूँ कि तुम चुप न रहोगे तो तुम्हारी भी यही दशा होगी।

(सैनिक आगे बढ़ता है)

मन्दाकिनी : (उसे रोककर) महाराज, पुरुषार्थ का इतना बड़ा प्रहसन! अबला पर ऐसा अत्याचार!! यह गुप्त-सम्राट् के लिए शोभा नहीं देता।

रामगुप्त : (सैनिकों से) क्या देखते हो जी!

(सैनिक आगे बढ़ता है और चन्द्रगुप्त आवेश में आकर लौह-श्रृंखला तोड़ डालता है। सब आश्चर्य और भय से देखते हैं।)

चन्द्रगुप्त : मैं भी आर्य समुद्रगुप्त का पुत्र हूँ। और शिखरस्वामी, तुम यह अच्छी तरह जानते हो कि मैं ही उनके द्वारा निर्वाचित युवराज भी हूँ। तुम्हारी नीचता अब असह्य है। तुम अपने राजा को लेकर इस दुर्ग से सकुशल बाहर चले जाओ। यहाँ अब मैं ही शकराज के समस्त अधिकारों का स्वामी हूं।

रामगुप्त : (भयभीत होकर चारों ओर देखता हुआ) क्या?

ध्रुवस्वामिनी : (चन्द्रगुप्त से) यही तो कुमार!

चन्द्रगुप्त : (सैनिक से डपटकर) इन सामन्त-कुमारों को मुक्त करो।

(सैनिक वैसा ही करते हैं और शिखरस्वामी के संकेत से रामगुप्त धीरे-धीरे भय से पीछे हटता हुआ बाहर चला जाता है।)

शिखरस्वामी : कुमार! इस कलह को मिटाने के लिए हम लोगों को परिषद् का निर्णय माननीय होना चाहिए। मुझे आपके आधिपत्य से कोई विरोध नहीं है, किन्तु सब काम विधान के अनुकुल होना चाहिए। मैं कुल-वृद्धों को और सामन्तों को, जो गहाँ उपस्थित हैं, लिवा लाने जाता हूँ।

(सैनिक लोग और भी मंच ले आते हैं और सामन्त-कुमार अपने खंगों को खींचकर चन्द्रगुप्त के पीछे खड़े हो जाते हैं। ध्रुवस्वामिनी और चन्द्रगुप्त परस्पर एक-दूसरे को देखते हुए खड़े रहते हैं। परिषद् के साथ रामगुप्त का प्रवेश। सब लोग मंच पर बैठते हैं।)

पुरोहित : कुमार! आसन ग्रहण कीजिए।

चन्द्रगुप्त : मैं अभियुक्त हूँ।

शिखरस्वामी : बीती हुई बातों को भूल जाने में ही भलाई है। भाई-भाई की तरह गले से लगकर गुप्त कुल का गौरव बढ़ाइए।

चन्द्रगुप्त : अमात्य, तुम गौरव किसको कहते हो? वह है कहीं रोग-जर्जर शरीर अलंकारों की सजावट, मलिनता और कलुष की ढेरी पर बाहरी कुमकुम-केसर का लेप गौरव नहीं बढ़ता। कुटिलता की प्रतिमूर्ति, बोलो! मेरी वाग्दत्ता पत्नी और पिता द्वारा दिए हुए मेरे सिंहासन का अपहरण किसके संकेत से हुआ और छल से...।

रामगुप्त : यह उन्मत्त प्रलाप बन्द करो। चन्द्रगुप्त, तुम मेरे भाई ही हो न! मैं तुमको क्षमा करता हूँ।

चन्द्रगुप्त : मैं उसे माँगता नहीं और क्षमा देने का अधिकार भी तुम्हारा नहीं रहा। आज तुम राजा नहीं हो। तुम्हारे पाप प्रायश्चित की पुकार कर रहे हैं। न्यायपूर्ण निर्णय के लिए प्रतीक्षा करो और अभियुक्त बनकर अपने अपराधों को सुनो।

मन्दाकिनी : (ध्रुवस्वामिनी को आगे खींचकर) यह है गुप्तकुल की वधू।

रामगुप्त : मन्दा।

मन्दाकिनी : राजा का भय मंदा का गला नहीं घोंट सकता। तुम लोगों को यदि कुछ भी बुद्धि होती, तो इस अपनी कुल-मर्यादा, नारी को शत्रु के दुर्ग में यों न भेजते। भगवान् ने स्त्रियों को उत्पन्न करके ही अधिकारों से वंचित नहीं किया है। किन्तु तुम लोगों की दस्युवृत्ति ने उन्हें लूटा है। इस परिषद् से मेरी प्रार्थना है कि आर्य समुद्रगुप्त का विधान तोड़कर जिन लोगों ने राजकिल्विष किया हो उन्हें दण्ड मिलना चाहिए।

शिखरस्वामी : तुम क्या कह रही हो?

मन्दाकिनी : मैं तुम लोगों की नीचता की गाथा सुन रही हूँ। अनार्य! सुन नहीं सकते? तुम्हारी प्रवंचनाओं ने जिस नरक की सृष्टि की है उनका अन्त समीप है। यह साम्राज्य किसका है? आर्य समुद्रगुप्त ने किसे युवराज बनाया था? चन्द्रगुप्त को या इस क्लीव रामगुप्त को जिसने छल और बल से विवाह करके भी इस नारी को अन्य पुरुष की अनुरागिनी बताकर दण्ड देने के लिए आज्ञा दी है। वही रामगुप्त, जिसने कापुरुषों की तरह इस स्त्री को शत्रु के दुर्ग में बिना विरोध किये भेज दिया था, तुम्हारे गुप्त-साम्राज्य का सम्राट् है। और यह ध्रुवस्वामिनी! जिसे कुछ दिनों तक तुम लोगों ने महादेवी कहकर सम्बोधित किया है, वह क्या है? कौन है? और उसका कैसा अस्तित्व है? कहीं धर्मशास्त्र हो तो उसका मुँह खुलना चाहिए।

पुरोहित : शिखर, मुझे अब भी बोलने दोगे या नहीं? मैं राज्य के सम्बन्ध में कुछ नहीं कहना चाहता। वह तुम्हारी राजनीति जाने। किन्तु इस विवाह के सम्बन्ध में तो मुझे कुछ कहना ही चाहिए।

एक वृद्ध : कहिए देव, आप ही तो धर्मशास्त्र के मुख हैं।

पुरोहित : विवाह की विधि ने देवी ध्रुवस्वामिनी और रामगुप्त को एक भ्रान्तिपूर्ण बन्धन में बाँध दिया है। धर्म का उद्देश्य इस तरह पद दलित नहीं किया जा सकता। माता और पिता के प्रमाण के कारण से धर्म-विवाह केवल परस्पर द्वेष से टूट नहीं सकते; परन्तु यह सम्बन्ध उस प्रमाणों से भी विहीन है। और भी **(रामगुप्त को देखकर)** यह रामगुप्त मृत और प्रव्रजित तो नहीं, पर गौरव से नष्ट, आचरण से पतित और कर्मों से राजकिल्विषी क्लीव है। ऐसी अवस्था में रामगुप्त का ध्रुवस्वामिनी पर कोई अधिकार नहीं।

रामगुप्त : (खड़ा होकर क्रोध से) मूर्ख! तुमको मृत्यु का भय नहीं!

पुरोहित : तनिक भी नहीं। ब्राह्मण केवल धर्म से भयभीत है। अन्य किसी भी शक्ति को वह तुच्छ समझता है। तुम्हारे बधिक मुझे धार्मिक सत्य कहने से रोक नहीं सकते। उन्हें बुलाओ, मैं प्रस्तुत हूँ।

मन्दाकिनी : धन्य हो ब्रह्मदेव!

शिखरस्वामी : किन्तु निर्भीक पुरोहित, तुम क्लीव शब्द का प्रयोग कर रहे हो!

पुरोहित : (हँसकर) राजनीतिक दस्यु! तुम शास्त्रार्थ न करो। क्लीव! श्रीकृष्ण ने अर्जुन को क्लीव किसलिए कहा? जिसे अपनी स्त्री को दूसरे की अंगगामिनी बनने के लिए भेजने में कुछ संकोच नहीं वह क्लीव नहीं तो और क्या है? मैं स्पष्ट कहता हूँ कि धर्मशास्त्र रामगुप्त से ध्रुवस्वामिनी के मोक्ष की आज्ञा देता है।

परिषद् के सब लोग : अनार्य, पतित और क्लीव रामगुप्त, गुप्त-साम्राज्य के पवित्र राज्य-सिंहासन पर बैठने का अधिकारी नहीं।

रामगुप्त : (सशंक और भयभीत-सा इधर-उधर देखकर) तुम सब पाखण्डी हो, विद्रोही हो। मैं अपने न्यायपूर्ण अधिकार को तुम्हारे-जैसे कुत्तों को भौंकने पर न छोड़ दूँगा।

शिखरस्वामी : किन्तु परिषद् का विचार तो मानना ही होगा।

रामगुप्त : (रोने के स्वर में) शिखर! तुम भी ऐसे कहते हो? नहीं, मैं यह न मानूँगा।

ध्रुवस्वामिनी : राम! तुम अभी इस दुर्ग के बाहर जाओ।

रामगुप्त : ऐं? यह परिवर्तन? तो मैं सचमुच क्लीव हूँ क्या?

(धीरे-धीरे हटता हुआ चन्द्रगुप्त के पीछे पहुँचकर उसे कटार निकालकर मारना चाहता है। चन्द्रगुप्त को विपिन्न देखकर कुछ लोग चिल्ला उठते हैं। जब तक चन्द्रगुप्त घूमता है तब तक एक सामन्त-कुमार रामगुप्त पर प्रवाह करके चन्द्रगुप्त की रक्षा कर लेता है। रामगुप्त गिर पड़ता है।)

सामन्त-कुमार : राजाधिराज चन्द्रगुप्त की जय!

परिषद् : महादेवी ध्रुवस्वामिनी की जय!

(यवनिका)

Lector House believes that a society develops through a two-fold approach of continuous learning and adaptation, which is derived from the study of classic literary works spread across the historic timeline of literature records. Therefore, we aim at reviving, repairing and redeveloping all those inaccessible or damaged but historically as well as culturally important literature across subjects so that the future generations may have an opportunity to study and learn from past works to embark upon a journey of creating a better future.

This book is a result of an effort made by Lector House towards making a contribution to the preservation and repair of original ancient works which might hold historical significance to the approach of continuous learning across subjects.

HAPPY READING & LEARNING!

LECTOR HOUSE LLP
E-MAIL: lectorpublishing@gmail.com